DAS GIBT'S NUR IN
BERLIN

DOROTHEE FLEISCHMANN

DAS GIBT'S NUR IN BERLIN

emons:

ALLEE DER KOSMONAUTEN

4

AdK ist die Kurzform für die Allee der Kosmonauten, die von Lichtenberg bis Marzahn-Hellersdorf führt. Ihren Namen erhielt sie anlässlich des Weltraumfluges des Raumschiffes Sojus 31. An Bord waren der sowjetische Kosmonaut Waleri Bykowski und Sigmund Jähn, der erste Deutsche, der in den Weltraum flog. Vom 26. August bis 3. September 1978 dauerte ihre Reise ins All. Wenige Tage nach ihrer Rückkehr, am 22. September 1978, wurde die ehemalige Springpfuhlstraße nach der russischen Bezeichnung für Raumfahrer und Astronauten in »Allee der Kosmonauten« umbenannt. Bei der Feier waren die beiden Weltraumflieger zugegen.

Früher gab es entlang der Allee Straßenbahn-Haltestellenhäuschen die mit Raumfahrtmotiven bemalt waren. Jetzt erinnert noch ein Relief an den Ursprung der Namensgebung.

Agentenbrücke

Am 16. November 1907 wurde die Glienicker Brücke als »Kaiser-Wilhelm-Brücke« eingeweiht. Bekannt wurde sie aber wesentlich später als Agentenbrücke. Von 1962 bis 1986 wurden hier Spione zwischen der DDR und der BRD ausgetauscht. Zuerst der KGB-Agent Rudolf Abel gegen den amerikanischen Piloten Francis Powers, dessen Flugzeug während eines Spionageflugs über der Sowjetunion abgeschossen worden war. Beim zweiten Austausch im Jahr 1985 wurden politische Häftlinge gegen Spione ausgetauscht. 1986 fand der letzte Agententransfer zwischen Inhaftierten aus Ost- und Westdeutschland statt. Aus der Agentenbrücke wurde 1989 nach der Maueröffnung einer der ersten Übergänge in den Westen. Ironischerweise hieß sie schon seit 1949 in der DDR »Brücke der Einheit«. Den Namen hatten ihr ausgerechnet die Regierenden gegeben, die jahrzehntelang die Einigung Deutschlands verhinderten.

Glienicker Brücke, 14467 Berlin

AllIiertenMuseum

Mitten im ehemaligen amerikanischen Sektor, zwischen Zehlendorf und Dahlem, liegt das AlliiertenMuseum. Es dokumentiert die Zeit der Besatzung des westlichen Stadtgebietes durch die West-Alliierten und zeigt deren Rolle für Deutschland und Berlin zwischen 1945 und 1994. Das AlliiertenMuseum wurde im Jahr 1998 anlässlich des 50. Jahrestages der Berliner Luftbrücke im Beisein von Bundeskanzler Helmut Kohl eröffnet. Es erzählt einen besonderen Teil der Geschichte Berlins – »Wie aus Feinden Freunde wurden«, wie sie hier gemeinsam lebten und arbeiteten, welche Konflikte es zwischen den Alliierten gab, und wie es schließlich dazu kam, dass sie die Stadt wieder verließen. Die westlichen Siegermächte wollten Deutschland freiheitlich und demokratisch wiedererrichten, während im Osten unter dem Einfluss der Sowjetunion ein kommunistisches Gesellschaftssystem aufgebaut wurde. Schließlich beschreibt es, wie auch Berlin den lange währenden Kalten Krieg zu spüren bekam.

Die Ausstellung ist im früheren US-Soldatenkino und der ehemaligen Nicholson-Bibliothek untergebracht.

AlliiertenMuseum, Clayallee 135, 14195 Berlin

AMALIEN-ORGEL

Anna Amalia, Prinzessin von Preußen (1723–1787), war die jüngste Schwester von Friedrich dem Großen. Beide liebten die Musik und waren sich auch im Wesen und Aussehen ähnlich. Zudem verband die beiden ein vertrauensvolles Verhältnis.

Anna Amalia spielte Flöte, Laute, Orgel und Geige, komponierte eigene Kantaten und Choräle, aber auch Märsche. Der Stadt Berlin hinterließ sie eine Besonderheit, die heute noch zu hören ist: die nach ihr benannte Amalien-Orgel. Diese steht seit 1960 in der evangelischen Kirche »Zur frohen Botschaft« in Karlshorst. Die Orgel im Rokoko-Stil von Ernst Julius Marx und Johann Peter Migendt aus dem Jahr 1755, die ursprünglich im Stadtschloss, dann im Palais Unter den Linden und in der Schlosskirche in Buch stand, war ein Geschenk des Bruders an Amalia. Heute ist es die einzige Orgel Berlins aus dem 18. Jahrhundert, die noch erhalten ist. Trotz mehrerer Versetzungen und Transporte des kostbaren Instrumentes im Verlauf seiner mehr als 250-jährigen Geschichte sind noch alle wesentlichen Orgelbauteile im Original vorhanden.

Die als eigenwillig geltende Prinzessin Anna Amalia blieb unverheiratet und wurde Äbtissin im Stift Quedlinburg.

Evangelische Kirchengemeinde Lichtenberg, Weseler Straße 6, 10318 Berlin

BERLINER BÄREN

Ungefähr seit 1280 ist der Bär das Wappentier Berlins und geht wahrscheinlich auf Albrecht den Bären zurück, den ersten Markgrafen. Der Bär findet sich an vielen Stellen in Berlin und jeder weiß: »Das ist der Berliner Bär.« Doch diese Tiergattung ist in der Hauptstadt in unterschiedlichen Ausprägungen vertreten: Es gibt den Berliner Bären auf Meilensteinen oder Infotafeln zu Partnerstädten, es gibt die inzwischen weltweit verbreiteten Buddy-Bär-Skulpturen, die hier erfunden wurden. Bären finden sich zuhauf als Stofftiere, Souvenirs oder in Bronze gegossen im Nikolaiviertel, der Wiege Berlins, oder lebten einst im Bärenzwinger im Köllnischen Park, darunter sogenannte »Stadtbären« wie Urs, Taps, Nante und Tilo mit ihren Familien. Tilo und Schnute waren die letzten des Berliner Bärengeschlechts und mussten beide wegen schwerer Krankheit eingeschläfert werden. Seit 2015 ist der Zwinger leer.

Garantiert einzigartig ist der Bär der Berliner Künstlerin Renée Sintenis (1888–1965) in Gold und Silber als Preis und Symbol der Berlinale. Von Anfang des Filmfestivals an, also seit 1951, wird diese Trophäe verliehen. Einer der berühmtesten Berliner Bären war Eisbär Knut. Und dann ist da noch der Bär des Bildhauers Georg Wrba (1872–1939). Der Bärensaal im Alten Stadthaus verdankt seinen Namen diesem Bären, einer fast lebensgroßen Tierplastik aus dem Jahr 1910 auf einem hohen Sockel. Das Alte Stadthaus war zwischen 1902 und 1911 nach Entwürfen von Ludwig Hoffmann entstanden und sollte vor allem mit einer »Großen Festhalle« für Veranstaltungen – die Deckenhöhe betrug 19 Meter – ein wenig Entlastung für das nahe gelegene Rote Rathaus bringen. Wegen des später in der Halle platzierten Bären sprach man bald vom »Bärensaal«. Nach dem Zweiten Weltkrieg änderte sich einiges für den Bären. Er wurde für Jahrzehnte in den Tierpark nach Friedrichsfelde umgesetzt. Erst 2001, nachdem das Alte Stadthaus renoviert und umgebaut worden war, entschied man sich, einen neuen Abguss des Bären in Bronze anzufertigen. Dieser steht nun wie einst mitten in dem prunkvollen Saal. Und wie schon das Original soll der Bär angeblich ein wenig lächeln. Was sich der Bildhauer dabei gedacht hat, ist unbekannt. Er soll sich aber einen echten Bären als Modell im Käfig in sein Atelier gebracht haben lassen. Vielleicht hat das dem Bären ja Spaß gemacht?

WALTER WOMACKAS BAUCHBINDE

Zu den flächenmäßig größten Kunstwerken Europas zählt ein Wandbild des Berliner Künstlers Walter Womacka. Das Bild mit dem Titel »Unser Leben« zieht sich rund um das Haus des Lehrers am Alexanderplatz. Es handelt sich dabei um ein 127 Meter langes, sieben Meter hohes und aus 800.000 Mosaiksteinen zusammengesetztes Werk. Der Fries, der zuweilen auch als »Bauchbinde« bezeichnet wird, erzählt vom Alltag und gesellschaftlichen Leben in der DDR.

Der Künstler Walter Womacka (1925–2010) war ein staatstreuer Maler, Grafiker, Lehrer und Rektor der Kunsthochschule in Weißensee und galt als wichtiger Vertreter des sozialistischen Realismus. Ihm oblag die künstlerische Leitung bei der Neugestaltung des Alexanderplatzes. Der sollte repräsentativ gestaltet werden und mit sozialistischer Architektur wollte man ein politisches Zeichen setzen. Neben dem Bildfries stammen der Brunnen der Völkerfreundschaft und ein Kupferrelief am Haus des Reisens von Womacka.

Haus des Lehrers, Alexanderstraße 9, 10178 Berlin

DIE BERLINALE

Die Berlinale gehört neben den Filmfestivals in Cannes und Venedig zu den bedeutendsten der Welt. Führend und absoluter Spitzenreiter ist Berlin in Sachen Publikum: Die Berlinale ist das weltgrößte Publikumsfilmfestival mit dazugehörigem Wettbewerb. Anders als bei den anderen Veranstaltungen war dies von Anfang an auch so geplant. Darauf legen die Festivaldirektoren bis heute Wert. »Berlinale kann Menschen zusammenbringen«, erklärte 2020 Carlo Chatrian, Künstlerischer Leiter des Festivals. Nirgendwo sonst werden so viele Eintrittskarten an nichtprofessionelle Kinogänger verkauft.

Die Idee zur Berlinale entstand kurz nach dem Ende des Zweiten Weltkrieges. Die Berliner hungerten wie auch viele andere Menschen nach schönen Bildern, nach Eindrücken aus der großen weiten Welt, nach Träumen und Illusionen. »Schaufenster der freien Welt« lautete denn auch das Anfangsmotto der ersten Berlinale 1951, bereits ein großer Publikumserfolg. Künstler aus Ost und West kamen nach Berlin, und Alfred Hitchcocks Film »Rebecca« war der Eröffnungsfilm. Von Anfang an dabei war auch der Bär in Gold und Silber, entworfen von der Berliner Künstlerin Renée Sintenis. Der Preis wurde zu Beginn absolut demokratisch durch eine Zuschauerabstimmung vergeben. Den ersten Goldenen Bären erhielt der Film »Cinderella« von Walt Disney.

www.berlinale.de

ANGSTLOCH

Das Angstloch ist tatsächlich ein wenig schaurig: Es handelt sich dabei um eine runde Öffnung in Berlins ältestem Turm, dem Juliusturm in Spandau. Durch diese Öffnung wurden früher Gefangene an einem Seil ins Verlies hinuntergelassen. Das war der einzige Weg ins Gefängnis, und damit war es nahezu unmöglich, daraus zu entkommen. Der gesamte Turm hat eine Höhe von 30 Metern und einen Durchmesser von 12,6 Metern. Seine Mauern sind mehr als drei Meter dick. Deshalb war der Juliusturm auch bei Angriffen auf die Zitadelle Spandau der letzte Zufluchtsort – und steht bis heute fest und unerschütterlich.

Der Turm hatte in seiner Geschichte immer wieder Bezug zu Geld: Ein Kurfürst versteckte seinen Silberschatz in dem Gemäuer, Kriegsschätze wurden dort gelagert, oder Ende des 19. Jahrhunderts wurde ein Teil der immensen Entschädigungszahlungen der Franzosen an die Deutschen nach dem Krieg 1870/1871 hierher verbracht; 1910 wurde eine mächtige, drei Tonnen schwere Tresortür eingebaut.

Der Begriff »Juliusturm« setzte sich als Bezeichnung für eine volle Staatskasse durch. Noch nicht eindeutig geklärt ist der tatsächliche Namensgeber.

Angstloch, Am Juliusturm 64, 13599 Berlin

Backpfeifenjesicht

Die Berliner sind für ihr freches Mundwerk und fürs Motzen bekannt. Dabei benutzen sie gern einige nicht so feine Schimpfwörter wie Raffke, Pissnelke, Heulsuse, Piesepampel, Detz-Kopp oder Nulpe. Das Wort »Backpfeife« kennt jeder: Von einem heftigen Schlag ins Gesicht wird gleich die Wange rot, und der so Bedachte spürt Wut oder Ohnmacht in sich hochsteigen. »Backpfeife« wird oder wurde in der Berliner Mundart aber auch für Angeber verwendet: »Wat isn dit für 'ne Backpfeife? Groß motzen, aba nischt dahinter!« Und der Spruch »Wat hat der denn für 'n Backpfeifenjesicht?« meint: Das ist ein Gesicht wie eine Ohrfeige. Es geht auch direkter: »Pass uff, wat de saahst, sonst setzt dit 'ne Backpfeife.«

BERLINER BALKON

Normalerweise befinden sich Balkone an Häusern, bieten die Möglichkeit ins Freie zu treten und zuweilen einen schönen Ausblick. Der Berliner Balkon in Mahlsdorf dagegen ist ein Naturphänomen. Er entstand vor Tausenden von Jahren mit dem Ende der Eiszeit. Nachdem Schnee und Eis die Erde bedeckten und schließlich abgeschmolzen waren, entstand das Berliner Urstromtal. Endmoränen blieben zurück, und am Rand bildeten sich Wälle. So auch zwischen Kaulsdorf und Mahlsdorf, wo sich durch den Höhenunterschied zwischen der Barnimhochfläche und dem Berliner Urstromtal eine Art Terrasse formte. Dieser unbebaute Hang, der vorsprungartig in die Landschaft ragt, wird auch als »Berliner Balkon« bezeichnet.

Der Barnim liegt in Mahlsdorf auf einer Höhe von 57 Metern, das Berliner Urstromtal in Kaulsdorf 42 Meter. Vom Berliner Balkon aus sind Mahlsdorf, Kaulsdorf und die Müggelberge von Köpenick zu sehen, ebenso der Elsensee und die Kaulsdorfer Seen. Der Hang des Barnims, auf dem sich der Berliner Balkon befindet, ist Landschaftsschutzgebiet, wird aber landwirtschaftlich genutzt.

Berliner Balkon, Höhe Alt-Mahlsdorf 21, 12623 Berlin

BERLINER BLAU

Eigentlich war es ein Zufall, als der Chemiker und Farbenmacher Johann Jacob Diesbach 1706 eine neue Farbe entwickelte. Aus Rot wurde ein wunderbares kräftiges Blau, weil ihm bei der Herstellung eines roten Farbstoffes die Pottasche ausging. Er verwendete stattdessen das Produkt aus einem mit Pottasche gereinigten Tieröl. Damit hatte er nicht nur einen neuen Farbton gewonnen, sondern zugleich das erste künstliche Farbpigment hergestellt: eine brillante, lichtechte Farbe, die den Namen »Berliner Blau« erhielt.

Berliner Blau wird in Anlehnung an die blauen Uniformen des preußischen Militärs auch als »Preußisch Blau« oder als »Pariser« oder »Französisch Blau« bezeichnet, vermutlich weil Diesbach die Farbe einige Zeit in einer Fabrik in Paris produzierte, aber auch als »Pottasche-Blau«, »Stahl-Blau« oder »Tinten-Blau«.

Das Berliner Blau zog nicht nur in die Ateliers vieler Künstler, sondern tauchte auch in dem berühmten Roman »Frau Jenny Treibel« von Theodor Fontane auf. Die Berliner Familie Treibel produziert in ihren Fabriken Berliner Blau.

Drogenduftorgel

In einem alten Industriegebäude im Wedding steht die Drogenduftorgel der Preußischen Spirituosen Manufaktur. Mit Drogen sind hier Pflanzenteile gemeint, die in unterschiedlichen Kompositionen zu verschiedenen Geschmacksrichtungen führen. Über 200 verschiedene Duft- und Geschmacksstoffe aus aromatischen Wurzeln, Blüten, Kräutern, Rinden und Samen von regionalen wie exotischen Pflanzen stehen in der sogenannten Drogenkammer dicht an dicht aneinandergereiht. Mit diesen Stoffen werden seit Jahrzehnten hochwertige und hochprozentige Essenzen hergestellt, aus denen in Kupferkesseln und mit Hilfe von Destillationsapparaturen Spirituosen entstehen – natürlich nach geheimen Rezepten und ohne künstliche Aromastoffe. Der »Kurfürstliche Magenbitter« enthält beispielsweise 20 verschiedene Drogen.

Viele der Geräte und Behälter stehen schon sehr lange in der ursprünglichen Versuchslikörfabrik, so zum Beispiel uralte Dampferzeuger, Destillationsapparaturen, Zuckerkocher oder Aufbewahrungs- und Zubereitungsgefäße. Destillateurlehrmeister Ernst Dobislaw (1903–1984) entwickelte in den 1960er Jahren den Grundstock für die Drogenduftorgel. Dobislaw war Wissenschaftler, wollte aber sein Wissen auch nach außen tragen und veröffentlichte diverse Schriften. Eine Wortschöpfung wie Drogenduftorgel sollte da für Aufmerksamkeit und Faszination sorgen. In seiner »Drogenfibel« wies er darauf hin, dass angehende Destillateure sich unbedingt die für den Beruf notwendigen Drogenkenntnisse anzueignen hätten. Inzwischen ist dies ein äußerst seltener Ausbildungsberuf, dem in den Räumen der Manufaktur weiter nachgegangen wird. Hier lernen die angehenden Destillateure, professionell mit Drogen umzugehen.

Die Tradition der Preußischen Spirituosen Manufaktur geht auf das Jahr 1874 zurück. Unter der Leitung von Max Delbrück (1906–1981) wurde das Institut für Gärungsgewerbe gegründet, eine Versuchs- und Lehranstalt für die Spirituosenfabrikation. Sie verfolgte das Ziel, wissenschaftliche, technische und wirtschaftliche Grundlagen zur Förderung von Brennereien, alkoholverarbeitenden Betrieben und später auch von Brauereien zu schaffen. Bald schon gab es Laboratorien, eine mikrobiologische Abteilung, eine Hefezuchtanstalt und sogar eine Glasbläserei. Gebraut wurde hier allerdings nie. Die Manufaktur, in dem das historische Inventar weiterhin in Gebrauch ist, kann besichtigt werden.

Preußische Spirituosen Manufaktur, Seestraße 13, 13353 Berlin

DIE ÄLTESTE BUDDHISTISCHE TEMPELSTÄTTE EUROPAS

Wo steht die älteste buddhistische Tempelstätte Europas? Natürlich in Berlin, und zwar weit im Norden, in Frohnau. Das Buddhistische Haus ist dem Arzt Paul Dahlke (1865–1928) zu verdanken. Dahlke war schon Anfang des 20. Jahrhunderts von Asien so fasziniert, dass er immer wieder hinreiste und schließlich selbst Buddhist wurde. Er trug den Buddhismus in die Heimat und galt als dessen Wegbereiter in Deutschland. »Was wir tun, soll jeder sehen können. Was wir reden, soll jeder hören können. Was wir denken, soll jeder wissen können«, erklärte er.

Ein Elefantentor und 73 Stufen führen zum Buddhistischen Haus. Es liegt auf einem etwa 36.000 Quadratmeter großen Grundstück. Einige Jahre hegte Dahlke Pläne für ein Kloster, verwarf die Idee jedoch wieder, lebte und praktizierte zunächst in einer Villa in Zehlendorf. 1923 begann er schließlich mit dem Tempelbau in Frohnau und finanzierte die Anlage durch Spenden und eigene Mittel. In der Bibliothek stehen über 3.000 Werke zum Buddhismus und zu anderen Weltreligionen. Heute finden im Buddhistischen Haus Meditationen, Vorträge und Kurse statt. Jeder darf kommen und die Lehre des Buddhismus kennenlernen, sich damit beschäftigen, seinen eigenen Weg suchen und womöglich finden.

Das Buddhistische Haus, Edelhofdamm 54, 13465 Berlin

ISOTHERMISCHE KUGELN

Akademiebusen oder Adlershofer Busen war die umgangssprachliche Beschreibung für zwei isothermische Kugellabore, die sich auf dem Akademiegelände in Adlershof befinden. Der Berliner Architekt Horst Welser, der lange Zeit Direktor an der Akademie der Wissenschaften war, entwickelte sie.

Die beiden Kugeln sind rund wie wohlgeformte Brüste, haben einen Durchmesser von 9 Metern und gehören zum ehemaligen Gelände der Akademie der Wissenschaften. Mit deren Hilfe sollte vor allem der Wärmehaushalt von unterschiedlichen chemischen Reaktionen gemessen werden. Die gewählte Form der Aluminiumkugeln hatte jedoch nichts mit Ästhetik oder Weiblichkeit zu tun. Vielmehr haben Kugeln im Verhältnis zum Raumvolumen die kleinste Oberfläche und dazu leitet Aluminium Wärme sehr gut.

Nachdem sich am ehemaligen Zentralinstitut für physikalische Chemie die Schwerpunkte änderten, hatten die Kugeln in der Forschung ausgedient, blieben aber auf dem Gelände stehen. Eine der Kugeln diente eine Weile als Lagerraum, die andere für Messungen. Daneben dienten sie zuweilen auch für Feste oder Skatturniere.

Isothermische Kugellabore, Am Studio 1a, 12489 Berlin

BERLINER
WEISSE

Berliner Weiße gibt es zwar nicht nur in Berlin, doch nur Brauer, die tatsächlich ihre Berliner Weiße in Berlin brauen, dürfen sie auch so nennen. Das Getränk geht auf eine sehr lange Tradition zurück, doch wer genau es erfunden hat, ist nicht eindeutig. Der Brauer Cord Broyhan soll die Grundlage für diese Bierart geschaffen haben, die anschließend von anderen Brauern aufgegriffen und verändert wurde. In Deutschland verbreiteten sich bereits im 17. Jahrhundert obergärige Biere mit hohem Weizenanteil. Die Biere waren meist reich an Kohlensäure und schmeckten nach kurzer Zeit säuerlich. Mit den Hugenotten kam die Wende. Sie zogen in der zweiten Hälfte des 18. Jahrhunderts nach Berlin, waren aber weder begeistert vom damaligen Bier noch vom Wein der Region (den es tatsächlich in Berlin gab), sodass sie Weißbierbrauereien gründeten. Das spritzige Bier wurde von den Soldaten Napoleons »Champagne du Nord« getauft.

Berliner Weiße, wie wir sie heute kennen, entwickelte sich ab dem 19. Jahrhundert. Das Weißbier wird mit obergäriger Hefe und Milchsäurebakterien angesetzt und war in allen Kneipen Berlins zu bekommen. Heute ist entscheidend, dass Berliner Weiße in Berlin gebraut wird. Sonst heißt das Getränk »Weiße Berliner Art«.

BERLINER ZIMMER

Als »Spelunke« bezeichnete Friedrich Engels das Berliner Zimmer. Der Raum, der auch Berliner Saal genannt wurde, liegt zwischen Vorderhaus und Hinterhaus. Genaugenommen war es die Lösung eines baulichen Problems, das durch die Berliner Mietskasernen im 19. Jahrhundert entstand. Sie wurden vollständig im Block gebaut: Vorderhaus, Seitenflügel, Hinterhaus und dazwischen der Hof. Das Zimmer war meistens groß, lang und relativ dunkel, da meist nur ein Fenster zum Hof existierte – und wurde dennoch häufig genutzt.

Für Engels war dieser seltsame Raum eine typische Berliner Erfindung. In einem Brief an Laura Lafargue, die Tochter von Karl und Jenny Marx, schreibt er: »... mit kaum einer Spur von Fenster, und darin verbringen die Berliner den größten Teil ihrer Zeit. Nach vorn hinaus gehen das Esszimmer (die gute Stube, die nur bei großen Anlässen benutzt wird) und der Salon (noch vornehmer und noch seltener benutzt), die Schlafzimmer nach dem Hof.« Engels gefiel dieser eigenartige Raum überhaupt nicht. Die Berliner aber fühlten sich wohl darin. Es diente als Empfangs- oder Aufenthaltsraum, als Musikzimmer oder Bibliothek, damit die repräsentativeren Wohnräume des Vorderhauses geschont wurden. Die Stimmung war hier vermutlich ungezwungener und gemütlicher.

BERLINER
LUFT

Die Berliner Luft ist einzigartig. Es gibt sie nur in Berlin und dort in unterschiedlichen Ausprägungen. Ob als Lied oder Dessert, als Schnaps oder einfach zum Atmen, lose, in Dosen oder in Flaschen. Unter »Berliner Luft« kann man neben der berühmten Atmosphäre der Hauptstadt weitere Dinge verstehen, etwa einen klaren, intensiv nach Pfefferminze schmeckenden Likör oder ein Dessert aus einer hellen Creme, optional mit Weißwein, die mit Himbeersaft angerichtet wird.

Das Lied über die Berliner Luft komponierte 1904 Paul Lincke im Rhythmus eines Marsches, den Text dazu schrieb Heinrich Bolten-Baeckers. Ursprünglich war es als Operetten-Lied Bestandteil eines Bühnen-Zweiakters, wurde dann separat in Konzertlokalen aufgeführt und schließlich in Linckes Operette »Frau Luna« integriert. Paul Lincke (1866–1946) liebte zackige Musik. Damit drückte er das damalige Lebensgefühl der Berliner aus, das ab Ende des 19. Jahrhunderts als besonders lebendig, frei und schnell galt. Der Gassenhauer sorgte für die Verbreitung der berühmten »Berliner Luft«.

Bis heute zählt das Lied als inoffizielle Hymne der Stadt. Selbst die Philharmoniker spielen es jedes Jahr zum Abschluss der Saison in der Waldbühne.

»Ja, ja, ja, das ist die Berliner Luft, Luft, Luft,
so mit ihrem holden Duft, Duft, Duft,
wo nur selten was verpufft, pufft, pufft,
in dem Duft, Duft, Duft
dieser Luft, Luft, Luft.
Das macht die Berliner Luft!«

30-GRAD-PASSE

Berlin ist bekannt für seine breiten Straßen und Bürgersteige. Weniger bekannt ist, was sich genau auf diesen Gehsteigen abspielt beziehungsweise über welche Eigenheiten die Pflasterung verfügt. So zum Beispiel die 30-Grad-Passe, die auch als Berliner Passe bekannt ist. Sie rahmt den Belag des Fußwegs. Dabei werden die Fugen zwischen den Steinen immer ein bisschen versetzt, sodass sie ungefähr im 30-Grad-Winkel zur Randeinfassung stehen. Dafür werden häufig Bernburger Mosaiksteine verwendet, deren Rückseiten mit einem R versehen sind. Die Berliner-Passe-Pflasterung folgt genauen Regeln, obwohl sie nicht wie ein Muster aussieht. Die Steine werden ohne Zementmörtel direkt in den sandigen Untergrund verlegt, so kann in den gepflasterten Zonen das Regenwasser versickern. Außerdem können nach Reparaturarbeiten die ursprünglichen Steine wiederverwendet werden. Den Kern der Berliner Trottoirs bilden häufig die sogenannten »Schweinebäuche« – in der Regel einen Meter breite Granitplatten. Es gibt auch die »Berliner Platte«, das Modell »Charlottenburg« und diverse andere.

CONDÉ

Friedrich der Große mochte Tiere. In Hunde war er vernarrt, Pferde liebte er. Allerdings nicht für die Jagd oder um damit womöglich in den Krieg zu ziehen, sondern gern als Haustiere. Der König reagierte äußerst feinsinnig auf seine Gefährten, er hegte und pflegte sie. Sein Fliegenschimmel-Wallach Condé der nach Prinz Louis Henri de Bourbon-Condé benannt worden war, war ihm besonders ans Herz gewachsen. Das Pferd wurde 1766 in England geboren und elf Jahre später dem Preußenkönig vorgeführt. Beim ersten Ausritt war er so begeistert, dass Condé fortan im Schlosspark sein Zuhause fand und mit Zucker, Feigen und Melonen verwöhnt worden sein soll. Das Pferd führte ein prachtvolles Leben: Ab und zu wurde es geritten, aber weder beim Militär noch in der Landwirtschaft eingesetzt. Die Liebe des Königs soll so weit gegangen sein, dass er sich in Abwesenheit regelmäßig Berichte über dessen Wohlbefinden schicken ließ. Condé verstarb 1804 im Alter von 38 Jahren. Das Pferd wurde präpariert und gelangte über diverse Stationen schließlich nach Dahlem ins Anatomische Museum. Inzwischen steht das Skelett des Tieres im Anatomischen Museum des Instituts für Veterinär-Anatomie. Anlässlich des 2000-jährigen Bestehens der Veterinärmedizin in Berlin konnte 1990 sogar die Öffentlichkeit das Lieblingspferd vom Alten Fritz bestaunen.

Institut für Veterinär-Anatomie, Koserstraße 20, 14195 Berlin

DICKE
MARIE

Kugelrund, mit einer Schürze um den Bauch gebunden, mit roten Pausbacken und einem lustigen Gesicht – ungefähr so könnte die dicke Marie ausgesehen haben, die vor langer Zeit bei der Familie von Humboldt in Tegel Köchin war. Die Brüder Alexander und Wilhelm von Humboldt haben eine alte Eiche in der Nähe des von der Familie bewohnten Tegeler Schlosses nach ihr benannt. Die dicke Marie war also nicht nur eine Person, sondern ist auch ein Naturdenkmal. Sie ist heute um die 900 Jahre alt und damit älter als die Stadt Berlin. Die Eiche ist Berlins betagtester Baum und inzwischen über 20 Meter hoch, ihr Umfang beträgt etwa sechs Meter.

Im Volksmund bedeutet »dicke Marie« übrigens, dass jemand eine volle Geldbörse oder eben viel Geld hat.

Dicke Marie, am Großen Malchsee, unweit des Restaurants Waldhütte,
Schwarzer Weg 1, 13505 Berlin

CAFÉ ACHTECK

Nach einem Kaffee oder einem Stück Kuchen fragt man vergeblich im Café Achteck. Es ist der Spitzname für öffentliche Bedürfnisanstalten, die auf einem achteckigen Grundriss basieren. Die hübschen Toilettenhäuschen bestehen aus sieben grünlackierten Metallwänden, wobei die Lücke an der achten Seite als Eingang dient. Die offizielle Bezeichnung lautete »Toilettentyp Waidmannslust«. Die achteckige Form, die detailfreudige Gestaltung und die bunte Bemalung verhalfen zum Spitznamen. Doch mit Ornamenten und Details verziert sowie bunt gestrichen waren sie nicht immer, die letzten ihrer Art sind alle lediglich grün gestrichen. Innovativ war auch die Herstellungsweise, denn sie wurden aus fabrikgefertigten Platten zusammengesetzt und auf einen Betonsockel montiert.

Um 1900 wurden viele dieser Pissoirs für Männer und Jungen aufgestellt – 1920 gab es rund 140 davon. Sie gehörten zum Berliner Stadtbild, heute muss man etwas nach ihnen Ausschau halten. Einige dieser achteckigen Gebäude sind noch in der Stadt verteilt zu finden. Es sind nicht gerade die schönsten und exklusivsten »Cafés« der Stadt, dafür sind sie aber äußerst nützlich.

DER GRÖSSTE STREICH
DES FRIEDRICH WILHELM VOIGT

Friedrich Wilhelm Voigt steht vor dem Rathaus in Köpenick, weil sich dort die wichtigste Geschichte seines Lebens abspielte:

Am 16. Oktober 1906 erwarb der Schuster Voigt eine Hauptmannsuniform, überzeugte einen Trupp Soldaten davon, ihn zu begleiten, schmiss noch eine Runde, und dann verhafteten sie gemeinsam den Bürgermeister von Köpenick. Voigt selbst schnappte sich die Stadtkasse und verschwand in Windeseile. So dauerte es auch eine Weile, bis der Gaunerstreich überhaupt aufflog und Voigt zehn Tage später verhaftet wurde. Ganz Berlin lachte über diesen unglaublichen Streich. Der Schuster Voigt ging als Hauptmann von Köpenick in die Geschichte ein, ihm wurde ein Denkmal vor dem Rathaus gesetzt, eine Berliner Gedenktafel sowie ein Roman gewidmet, und diverse Theaterstücke und Verfilmungen der Geschichte entstanden. Selbst der Kaiser soll über ihn geschmunzelt und ihn vorzeitig begnadigt haben. »Da kann man sehen, was Disziplin heißt. Kein Volk der Erde macht uns das nach!«, soll er ausgerufen haben.

Direkt nach der Haftentlassung vermarktete Voigt seine Geschichte. Der Erfolg hielt nicht ewig, und Voigt starb letztendlich verarmt in Luxemburg. Sein Grab ziert ein Grabstein mit einer stilisierten Pickelhaube. Seine »Köpenickiade« machte ihn berühmt. Der alte Tresor, in dem sich die Stadtkasse befand, steht immer noch im Köpenicker Rathaus.

Rathaus Köpenick, Alt-Köpenick 21, 12555 Berlin

FLIEGEBERG

Der Fliegeberg in Lichterfelde-Süd ist ein knapp 60 Meter hoher, künstlich aufgeschütteter Hügel, von dem der Flugpionier Otto Lilienthal (1848–1896) einst seine Flugversuche startete. Unentwegt stieg er auf den Hügel und glitt über den Bezirk. Häufig begleiteten ihn Schaulustige, die ihm begeistert zujubelten. Schon als Junge war Otto vom Fliegen fasziniert. Er beobachtete die Vögel, baute seine eigenen Flugobjekte und träumte lange Zeit gemeinsam mit seinem Bruder Gustav (1849–1933) davon, es den Vögeln gleich zu tun.

Die Neugier auf das Fliegen war, so heißt es, durch eine Geschichte über einen Luftschiffer geweckt worden. Zudem habe die Brüder eine Erzählung über einen Storch fasziniert, der einem Zaunkönig erklärte, weshalb er so mühelos fliegen könne. Das erschien den Jungen als unbedingt nachahmenswert. Wie die Störche wollten sie mit ausgebreiteten Armen und aus eigener Kraft in die Lüfte steigen. Also erforschten sie zuerst die fliegende Tierwelt und schauten sich ganz genau an, wie die Störche von ihren Flügeln davongetragen wurden. Dann bauten sie selbst Fluggeräte, machten heimliche Flugversuche und suchten so nach einer Möglichkeit zu fliegen. Jahre später verfasste Otto mit Hilfe Gustavs das Buch »Der Vogelflug als Grundlage der Fliegekunst«.

Unermüdlich testeten und tüfftelten die Lilienthals und entwickelten jahrelang gemeinsam Erfindungen: Ob den berühmten Anker-Baukasten, ein Hochrad, Flugobjekte oder andere Kuriositäten. Die Brüder aus Anklam träumten von einer fortschrittlichen Gesellschaft mit besseren Lebensumständen dank technischer Neuerungen. Voller Tatendrang probierten sie, übten, fielen auf die Nase und standen wieder auf.

Als ihre Fluggeräte endlich flugtauglich waren, ließ Otto Lilienthal 1894 seinen eigenen Fliegeberg aufschütten. Lilienthal galt als erster, der mit der Kraft des Windes in die Lüfte stieg und ging als Flugpionier in die Geschichte ein. Lebenslang hielt er an seinem Traum fest, der ihm schließlich das Genick brach.

Auf dem Gipfel des Fliegebergs befindet sich eine Gedenkstätte, und jedes Jahr findet hier ein Fest statt.

Fliegeberg, Scheelestraße, 12209 Berlin

DIE EINZIGE ORIGINALAUFZEICHNUNG VON BEETHOVENS 9. SINFONIE

Freude, schöner Götterfunken lautet die wohl bekannteste Zeile aus einem Stück des berühmten Komponisten Ludwig van Beethoven. Es ist das Finale seiner 9. Sinfonie – und die Hymne der Europäischen Union, hier jedoch ohne den Text »Freude, schöner Götterfunken, Tochter aus Elysium, wir betreten feuertrunken, Himmlische, dein Heiligtum«, sondern in einer instrumentalen Version des Hauptthemas »Ode an die Freude«. Die meisten kennen das in d-Moll komponierte Musikstück. Es ist Beethovens letzte vollendete Sinfonie, die im Jahr 1824 in Wien uraufgeführt wurde.

Die Originalaufzeichnung der 9. Sinfonie liegt in der Berliner Staatsbibliothek. Das Autograph kam über einige Stationen wie London, Bonn, Paris, Wien, Krakau oder Tübingen nach Ost- und West-Berlin. Einige Teile lagerten im Ostteil der Stadt, die anderen wurden im Westen aufgehoben, bis sie schließlich nach der Wiedervereinigung endgültig zusammengeführt wurden. Seit 1997 befinden sie sich in der Staatsbibliothek Berlin. Die Originalpartitur gehört inzwischen zum UNESCO-Weltdokumentenerbe.

Staatsbibliothek Berlin, Potsdamer Straße 33, 10785 Berlin

FONTANES
LETZTE ANSTELLUNG ALS
APOTHEKER

Bevor Theodor Fontane als Schriftsteller mit seinen Werken bekannt wurde, arbeitete er in den Jahren 1848 und 1849 in der Apotheke des Diakonissen-Krankenhauses Bethanien. Die Apotheke, in der Fontane auch Schwestern zu Apothekerinnen ausbildete, ist bis heute in ihrer originalen Ausstattung erhalten und zu besichtigen. In der alten, mit Glasvitrinen bestückten Apotheke ist noch fast alles so wie zu Fontanes Zeiten. Hier stehen alte Waagen, Glasstößel, Kampferschubladen, Gefäße verschiedenster Größe, Pipetten und Rührtöpfe. Vergisst man alles um sich herum, fühlt man sich in die Mitte des 19. Jahrhunderts zurückversetzt.

Fontane soll damals glücklich über seine Anstellung als Apotheker gewesen sein, die vermutlich durch einen Kontakt der Mutter entstanden war. Er empfand die Zeit im Bethanien-Krankenhaus als »Sonnenstrahl des Glücks«. Es war zur Zeit der Märzrevolution, und er notierte in seinen Erinnerungen, dass es seine »angenehmsten Tage« gewesen seien. Wenngleich ihm Fähigkeiten in diesem Beruf bestätigt wurden, war es seine letzte Stelle als Apotheker. Danach arbeitete Fontane als Reporter für Zeitungen, bis er schließlich als Schriftsteller Ruhm erntete. Erst viele Jahre später schilderte er in »Effi Briest« seine Sicht auf das Apothekerdasein.

Fontane-Apotheke im Bethanien, Mariannenplatz 2, 10997 Berlin

PLEITEN, PECH, BETONKLOTZ

Die Form eines Baumes sollte er bekommen, viele Betrachter sahen aber einen Rasierpinsel in dem Bau. Sonderbar ist das Gebäude in jedem Fall. Ein wenig futuristisch, kantig, bunt und zugleich das heimliche Wahrzeichen von Steglitz. »Bierpinsel« lautet der volkstümliche Name für das 47 Meter hohe Pop-Art-Gebäude aus den 1970er Jahren. Den Namen erhielt es vermutlich bereits bei der Eröffnungsfeier 1976, als ordentlich Bier ausgeschenkt wurde. Das »Turmrestaurant Steglitz«, wie der offizielle Name lautet, ist Teil der Joachim-Tiburtius-Brücke, welche die beliebte Einkaufsmeile Schloßstraße überspannt. Als die ursprünglich roten Eternitplatten verblassten, verpassten internationale Graffiti-Künstler 2010 der Bau-Ikone ein neues Outfit. Das Architekten-Ehepaar Ralf Schüler und Ursulina Schüler-Witte, die auch das ICC entwarfen, wollten damit von der dominanten Hochstraße ablenken. Obwohl der Erfolg des Bauwerks ausblieb, kann man zumindest sagen, dass ihr Plan, einen neuen Hingucker zu schaffen, gelungen ist. Das progressive Bauwerk zieht die Blicke auf sich. Wirtschaftlich war es bisher jedoch eher ein Desaster, und immer wieder gibt es neue Nutzungsideen. Doch egal ob Restaurant, Diskothek, Bar oder Büro – alles schlug bisher fehl. Der auch als »Pleitebau« bezeichnete »Bierpinsel« sucht ständig neue Pächter. Wenngleich in dem Gebäude einiges möglich zu sein scheint, ist die Zukunft weiterhin ungewiss – und der Betonklotz bleibt vielen ein Dorn im Auge.

Turmrestaurant Steglitz, Schloßstraße 17, 12163 Berlin

BIKINI-HAUS

Der Bikini ist ein zweiteiliger Badeanzug, der den Bauch nicht bedeckt. So ähnlich verhält es sich auch mit dem Bikini-Haus am Zoologischen Garten. Das 200 Meter lange Geschäftshaus wurde von Paul Schwebes und Hans Schoszberger geplant und zwischen 1955 und 1957 gebaut. Es gehörte zur Neuanlage des Zentrums am Zoo. Zeitgleich entstanden hier das Kino Zoopalast, links daneben ein Hochhaus und rechts davon das langgestreckte Bikini-Haus. Der Name wird einerseits auf das auf Stützen stehende Mittelgeschoss, das damit fast so wie bei einem Bikini eine freie Zone belässt, zurückgeführt. Andererseits nimmt er Bezug auf die Anfangsjahre, als sich hier vor allem Produktionsstätten für Damen-Oberbekleidung befanden.

Die offene Bikini-Etage (im 2. OG) wurde zwar 1978 geschlossen, um die Staatliche Kunsthalle Berlin unterzubringen, doch im Zuge der Sanierung zwischen 2010 und 2013 konnte die namensgebende Etage durch das Zurücksetzen der Fassade und den Einsatz einer dunklen Fensterglaswand wieder angedeutet werden. Eine der Attraktionen ist heute die begrünte Dachterrasse mit Blick in die Gehege des Zoologischen Gartens. Die Monkey Bar ermöglicht einen Einblick in den Affenkäfig. Den hat man auch von den verglasten Toiletten der Bar, die aber eben auch umgekehrt als nicht ganz blickdicht gelten.

Bikini-Haus, Budapester Straße 38–50, 10787 Berlin

BÖHMISCHER GOTTESACKER

Gottesacker war früher eine Bezeichnung für Friedhöfe. Einen Böhmischen Gottesacker gibt es nur in Neukölln. Seit 1751 liegt er in dem Teil des Bezirks, der damals noch Rixdorf hieß. Böhmische Glaubensflüchtlinge hatten sich hier mit Erlaubnis Friedrich Wilhelms I. um den heutigen Karl-Marx-Platz herum niedergelassen und drei Kirchengemeinden gegründet. Der Gottesacker war der gemeinschaftliche Friedhof für die Gläubigen der Herrnhuter Brüdergemeinde, der reformierten Bethlehemsgemeinde und der Rixdorfer Bethlehemskirche. An den Gräbern und Grabsteinen sind zuweilen die unterschiedlichen Glaubensrichtungen noch zu erkennen.

Böhmischer Gottesacker, Karl-Marx-Platz 10, 12043 Berlin

BISMARCKBRAUN

Eigentlich lehnte er Denkmäler ab, denn Otto von Bismarck (1815–1898) sah im Aufbau des deutschen Kaiserreichs sein größtes Werk. Damit wurde er zu einem der bedeutendsten Persönlichkeiten im 19. Jahrhundert. Und die Euphorie für den »Eisernen Kanzler« ließ selbst nach seinem Rücktritt nicht nach. Ihm zu Ehren wurden dann doch unzählige Bismarck-Denkmäler, -Türme oder -Brunnen gebaut, Straßen, Ortschaften, Inselgruppen, Tunnel, Felsen und vieles mehr nach ihm benannt. Auch Nahrungs- und Genussmittel wie Bismarck-Heringe, -Gurken oder -Zigarren erhielten seinen Namen. Und ein Farbton: Carl Alexander von Martius entdeckte 1863 die Farbe Bismarckbraun, die es in den Schattierungen Y, G und R gibt. Der Farbton wird heute noch in der Textil-, Leder- oder Papierfärbung verwendet, auch in der Forschung zum Anfärben von Zellwänden oder Bakterien. So konnte beispielsweise der Mediziner Robert Koch mit Hilfe von Bismarckbraun die Tuberkelbazillen nachweisen und später ein Heilmittel gegen Tuberkulose entwickeln. Das war eine Sensation.

Berlin verdankt Bismarck aber auch seine prächtigste Straße, den Kurfürstendamm. Er ließ den ehemaligen Reitweg als Großstadtboulevard nach Vorbild der Champs-Élysées anlegen.

Bösebrücke

Am 9. November 1989 um 23.29 Uhr öffnete sich der Schlagbaum an der Bornholmer Straße zwischen Prenzlauer Berg und Wedding. Ohne Genehmigung des Vorgesetzten gab der wachhabende Stasi-Offizier Harald Jäger den Befehl dazu. Danach war nichts mehr wie zuvor.

Es war die erste Stelle, an der sich die Grenze zwischen Ost- und Westberlin, zwischen DDR und BRD öffnete. Schuld daran war die inzwischen allseits bekannte Äußerung des Politbüro-Mitglieds Günter Schabowski in einer Pressekonferenz zur veränderten Ein- und Ausreiseregelung. Demnach war es den Bürgern der DDR nun möglich, ein- und auszureisen – und zwar ab sofort und unverzüglich. Wenngleich Schabowski seine Äußerung zu früh tätigte, hätte der Fall der Mauer wohl nicht mehr lange hinausgezögert werden können. Was dann passierte, ist den meisten aus Pressebildern oder persönlichen Erinnerungen bekannt. Unglaubliche Menschenmengen stürmten voll unfassbarer Freude in den Westen. Die ersten rannten über die Bösebrücke, die ihren Namen dem Weddinger Widerstandskämpfer Wilhelm Böse (1883–1944) verdankt. Ursprünglich hieß sie Hindenburgbrücke, im Volksmund Bornholmer Brücke nach dem dort gelegenen S-Bahnhof Bornholmer Straße. 1989 wurde sie zur »Brücke der Freiheit«.

Bösebrücke, 10439 Berlin

BONBON-FAHRRAD

Ein Bonbon-Fahrrad ist kein Rad, auf dem Süßigkeiten transportiert werden. Es hat auch nicht die Farbe ungesunder bunter Leckereien. Vielmehr ist es eine Mitmach-Station in einem preisgekrönten Berliner Museum. Das »Culinarium« in der Domäne Dahlem ist das erste Museum Deutschlands, das sich ausschließlich mit Ernährung beschäftigt. Im Dachgeschoss des Museums steht das Bonbon-Fahrrad, auf dem gestrampelt werden darf und soll. Denn Interaktion und eigene Erlebnisse sorgen im »Culinarium« dafür, dass die Besucher besonders viel und vor allem nachhaltig verstehen und mit nach Hause nehmen. Wer auf dem Rad strampelt, erlebt selbst, was in einem Bonbon steckt, und erfährt wie viel Bewegung beziehungsweise Energie benötigt wird, um die Kalorien wieder abzuarbeiten.

Das Museum war übrigens früher ein alter Pferdestall. Und es hat noch andere lustige Dinge zu bieten, zum Beispiel sprechende Gurken oder Geräusche von Lebensmitteln. »Vom Acker auf den Teller« heißt die ständige Ausstellung. Und wer sich schon immer mal im Melken versuchen wollte, kann das hier auch tun.

Culinarium, Königin-Luise-Straße 49, 14195 Berlin

DIE WELTWEIT FÜHRENDE GIPSFORMEREI

Die Preußische Gipsformerei gehört zu den ältesten ihrer Art und ist weltweit führend. Sie besteht seit 1819 und ist zugleich die erste und damit älteste Einrichtung der Staatlichen Museen zu Berlin. Die Gipsformerei hat den größten Formenbestand, die meisten Mitarbeiter und hütet dazu handwerkliches Wissen, über das kaum noch jemand verfügt. Mit diesem Know-how können Aufträge erfüllt werden, die aus der ganzen Welt kommen.

In der gut 200-jährigen Geschichte der Gipsformerei wurden hier rund 7.500 Formen geschaffen. Und genau diese Formen sind ihr größter Schatz, denn mit diesen Vorlagen können auch bereits zerstörte Kunstwerke wiederhergestellt werden. Die Konstruktion und Pflege von Formen gehört deshalb zu den wichtigsten Aufgaben der Institution. Bei einem Rundgang wird die Fülle offenbar, aber auch die akribische Arbeit, die hinter all den Büsten, Figuren, Wandtafeln und Ähnlichem steckt. Seit 1891 befindet sich die Gipsformerei in der Sophie-Charlotten-Straße.

Die Gründung der Institution geht auf Friedrich Wilhelm III. zurück, der damit wirtschaftliche, repräsentative und dokumentarische Ziele im Sinne des Gemeinwohls verfolgte. Der Berliner Bevölkerung sollte Kunst zugänglich gemacht werden, und wertvolle Abgüsse brachten außerdem Geld. Auch in der Herstellung von Totenmasken, die im 19. Jahrhundert häufig von berühmten Persönlichkeiten genommen wurden und bisher aus Italien kamen, witterte der König ein lukratives Geschäft, denn das sollten fortan die Handwerker der Gipsformerei übernehmen.

Der dokumentarische Gedanke der Institution wird beim Blick in die reichbestückten Vitrinen der Gipsformerei offensichtlich: Hier finden sich unzählige Abgüsse archäologischer Ausgrabungsstücke. Entdeckten Forscher bei ihren Grabungen tatsächlich etwas, wurden die Funde entweder sofort am Grabungsort oder später in Berlin abgeformt.

Preußische Gipsformerei, Sophie-Charlotten-Straße 17, 14059 Berlin

East Side Gallery

Die längste Open-Air-Galerie der Welt und außerdem das längste erhaltene Stück der Berliner Mauer befindet sich direkt an der Spree in Friedrichshain: Zwischen Ostbahnhof und Oberbaumbrücke liegt die East Side Gallery. 118 Künstler aus 21 Ländern haben sich hier verewigt und den Spuren der Vergangenheit ein neues Bild verpasst. Da nur die Ostseite der Mauer bemalt wurde, erhielt das öffentliche riesige Kunstwerk den Namen »East Side Gallery«.

Nicht ganz so bekannt und etwa 17 Kilometer entfernt liegt die höchste Open-Air-Galerie der Stadt: Sie befindet sich seit einigen Jahren auf dem Teufelsberg, und hier geben Künstler quasi an allen Stellen ihr Bestes. Mauern, Wände, Türme, Kuppeln, Geländer, Absperrungen, Türe oder die allmählich zerfallenden Relikte der alten Abhörstation sind inzwischen bemalt.

East Side Gallery, Mühlenstraße 3–100, 10243 Berlin

WIE EIN EIERWÄRMER

Egal, wie viel Mühe sich Architekten mit ihren Bauten machen, zuweilen werden die Formen mit alltäglichen Dingen verglichen und bekommen im Volksmund schnell einen entsprechenden Namen. Schwangere Auster, Waschmaschine, Plumpe oder Lippenstift sind nur einige Beispiele aus Berlin. Mit einem Eierwärmer oder Bienenkorb verglich man die Vorschläge für die Reichstagskuppel von Sir Norman Foster. Heute ist die rund 23 Meter hohe und 40 Meter breite Dachkonstruktion aus Stahl und Glas der magische Anziehungspunkt Berlins. Mehr als zwei Millionen Menschen jährlich schauen sich das Werk an, und der Spott ist längst verklungen. Allerdings entpuppte sich das Bauwerk in den letzten heißen Sommern zuweilen als wärmende Haube. Es wurde so heiß, dass der Eierwärmer keinen Schutz, sondern eher ein Risiko bedeutete, und für die Begehung zeitweilig geschlossen werden musste.

Eine Sensation war die Verhüllung des Reichstags durch Christo und Jeanne-Claude. Jahrelang dauerte die Planung und Vorbereitung, bis es im Sommer 1995 endlich soweit war und zu einem unvergleichlichen Event für die Stadt wurde.

Reichstag, Platz der Republik 1, 11011 Berlin

DIE ERFINDERIN

Herta Heuwer (1913–1999) gilt als Erfinderin der berühmten Berliner Currywurst. Langeweile, Experimentierfreudigkeit und Geschäftssinn führten 1949 zu der allseits beliebten Kreation.

Obwohl bis heute auch Hamburger und die Menschen des Ruhrgebiets die Erfindung für sich in Anspruch nehmen, gilt vielen als historisch belegt, dass Herta Heuwer am 4. September 1949 das erste Mal in Berlin eine gebratene »Spandauer ohne Pelle« verkaufte, die mit einer Mischung aus Worcestersauce, Gewürzen und Tomatenmark übergossen war. Letzteres entsprach der Annahme, dass die amerikanischen Besatzungssoldaten, die nach dem Zweiten Weltkrieg die Stadt bevölkerten, ihr Fleisch bevorzugt in Ketchup ertränkten. Heuwer wollte die vielen Soldaten als Käufer gewinnen. An einem trüben, langweiligen Tag saß sie in ihrem Imbiss-Stand in Berlin-Charlottenburg und begann zu experimentieren. Sie verband verschiedene Substanzen zu einer neuen Soße: Tomatenmark, Pfeffer, Paprika- und Currypulver sowie Worcestersauce wurden vermischt und über einer zerschnittenen Dampfwurst verteilt. Die Currywurst war geboren und trat ihren Siegeszug an. Bis heute, Jahrzehnte später, haben weder Pizza noch Döner oder Hamburger die Currywurst verdrängt. Allein in Deutschland werden 800 Millionen Currywürste jährlich verspeist.

1959 ließ sich Herta Heuwer ihre Soße als »Chillup« mit der Patentnummer 721319 schützen und wurde so als Erfinderin verewigt. Den Berlinern verschaffte sie damit eine Spezialität und eine Art Nationalheiligtum.

Der Ost-Berliner Imbiss Konnopke führte die Currywurst 1960 in der ehemaligen Hauptstadt der DDR ein. Firmengründer Max Konnopke und seine Frau Charlotte zogen schon vorher mit ihrem Wurstkessel durch die Straßen Berlins, bis sie schließlich ihren Imbiss an der Schönhauser Allee eröffneten. Auch von hier trat eine etwas andere Berliner Currywurst ihren Siegeszug an: eine Wurst ohne Darm mit einem Spezialketchup nach Geheimrezept. Konnopke ist bis heute einer der bekanntesten Imbiss-Stände Berlins.

Herta Heuwer wehrte sich ihr ganzes Leben lang mit allen Kräften dagegen, dass es noch andere Erfinder der Currywurst gäbe.

Eine Gedenktafel für Herta Heuwer hängt
an der Kantstraße 101/Ecke Kaiser-Friedrich-Straße in Charlottenburg

DER CURRYWURST

BUNTE LANDSCHAFTEN AUF DEM FLOWER TOWER

Flower Power steht für die Zeit der Hippies in den 1970er Jahren. Ungefähr 40 Jahre später entstand der Flower Tower. So nennt sich ein Hochhaus in Marzahn, auf dem sich das bisher höchste Fassadenkunstwerk Europas befindet. Das Werk stammt von der französischen Künstlergruppe »CitéCréation« aus Lyon, die zu den Weltmarktführern in der Wandmalerei zählt.

Nach 18 Monaten Arbeit fand am 14. November 2012 die feierliche Einweihung der über zwei Millionen Euro teuren Wandbemalung statt. Auf dem Flower Tower sind in Anlehnung an die »Gärten der Welt« in Marzahn unterschiedliche Landschaften zu sehen: eine Heidelandschaft, Alpen- und Mittelmeerlandschaften, ein südchinesischer Garten, die mittelamerikanische Wüste und der Amazonas-Regenwald. Am Abend wird das Hochhaus illuminiert, und über einen QR-Code können mit dem Smartphone weitere Informationen abgerufen werden.

Der Flower Tower ist ein Wohnhochhaus des Plattenbautyps WHH GT 18 aus den 1970er Jahren. Diese Hochhäuser wurden eigens für das Wohnungsbaukombinat Ost-Berlins entwickelt (WHH steht für Wohnhochhaus, GT für die Bauweise mit sogenannten Großtafeln und 18 für die Stockwerke). 58,05 Meter misst der Marzahner Flower Tower.

Flower Tower, Allee der Kosmonauten 145, 12681 Berlin

Fatou und Bobby

Am 13. April 2020 feierte die »Grande Dame« des Berliner Zoos ihren 63. Geburtstag. Die Rede ist von einem echten Urgestein der Stadt, der Gorilladame Fatou. Seit dem Tod ihrer Alterskonkurrentin Trudy aus Arkansas im Jahr 2019 ist Fatou der älteste Gorilla der Welt. Sie lebt inzwischen in einer Seniorenanlage und schaut – meist an einen Baum gelehnt – friedlich und weise in die Umgebung. »Die Strahlende« ist die Bedeutung ihres Namens. Die greise Dame kam aus Westafrika über Marseille nach Berlin und lebt seit dem 11. Mai 1959 im Zoologischen Garten. Als ein Matrose seine Rechnung in einer Marseiller Hafenbar nicht zahlen konnte, gab er das Tier, das er aus dem Dschungel mitgebracht hatte, in Zahlung. Die clevere Wirtin wusste, dass der Berliner Zoo für seine Affenhaltung bekannt war, erkundigte sich, ob Interesse an einem Gorilla bestand, und flog mit Fatou nach Berlin, um ihn zu übergeben.

Der erste Gorilla im Zoologischen Garten hieß übrigens Bobby und war auch eine echte Berühmtheit. Hans Albers sang in einem Schlager über Bobby: »Mein Gorilla hat 'ne Villa im Zoo«. Bobby lebte nach Schätzungen von 1926 bis 1935 und ist nun als Plastik im Museum für Naturkunde zu sehen.

Zoologischer Garten, Hardenberg Square 8, 10787 Berlin
Museum für Naturkunde, Invalidenstraße 43, 10115 Berlin

DER SCHNELLSTE, DER LANGSAMSTE UND DER GRÖSSTE FLUGHAFEN

Der 1975 eröffnete Flughafen Tegel gilt als schnellster Flughafen im Hinblick auf die Gehzeit, die Reisende benötigen: Mit fünf Minuten vom Eingang bis zum Gate ist er Spitzenreiter in Europa. Seine sechseckige Form, die den Fluggast auf den schnellsten Weg lenken sollte, galt bei der Eröffnung als revolutionär: Am äußeren geschlossenen Ring konnten die Flugzeuge rundum andocken, während die Passagiere zuströmten. Als »Flughafen der kurzen Wege« hatten die Architekten Meinhard von Gerkan, Volkwin Marg und Klaus Nickels den Bau bezeichnet.

Das Gebäude des ehemaligen Flughafens in Tempelhof dagegen ist mit 1.230 Metern Länge eines der längsten Gebäude in Europa. Konkurrenz macht dem Flughafen der »Koloss von Prora« auf Rügen, der ursprünglich 4.500 Meter lang war. Dieses monströse Gebäude setzte sich jedoch aus einzelnen Wohnblöcken zusammen, von denen drei zerstört wurden, sodass sich nun noch fünf Blöcke auf eine Länge von etwa 2.500 Metern erstrecken.

Offensichtlich am langsamsten, was die Bauzeit betrifft, ist der Flughafen Berlin-Brandenburg in Schönefeld. Baubeginn war 2006.

WELTREKORDE

Der Flughafen Tempelhof ist ein Flughafen der Superlative: Schon die Dimension des Gebäudekomplexes übertraf mit über 300.000 Quadratmetern Fläche 1941 alles andere – Weltrekord. Doch auch vorher und nachher gab es auf dem Gelände immer wieder spektakuläre Rekorde:

Im Jahr 1909 hob von hier der Flugpionier Orville Wright ab und schaffte mit seinem Doppeldecker den Weltrekord von damals sensationellen 172 Metern Flughöhe.

Aufsehenerregend war auch Hanna Reitsch, die hier 1937 im Alter von gerade mal 25 Jahren als erste Frau in einem Hubschrauber einen Streckenweltrekordflug vollbrachte. 109 Kilometer schaffte sie mit dem Focke-Wulf Fw 61.

Im Jahr 1983 wurde auf dem Flughafen Tempelhof der 100-millionste Fluggast begrüßt.

2015 fuhr Fahrradsportler Christoph Strasser hier einen Weltrekord, fast 900 Kilometer radelte er um das Flughafengelände. Genau genommen umkreiste er 76 Mal den alten Flughafen und legte dabei 896,173 Kilometer in 24 Stunden ohne Pause zurück.

Ebenfalls 2015 bildeten hier 1.448 Fahrradfahrer die mit 2.533 Metern längste Kette ihrer Art der Welt.

Ein weiterer Weltrekord war im Jahr zuvor die neun Kilometer lange Plastiktütenschlange von Umweltschützern.

Ganz zu schweigen vom Rekordwert von etwa 220 Brutpaaren der Feldlerche, die sich hier immer mehr ausbreitet.

DIE LÄNGSTE PFANNKUCHEN-REIHE DER WELT

Schon unter Max Reinhardt wurden Revuetheater legendär: Opulent, mit Berlins erster Drehbühne und Stücken für ein breites Publikum legte er 1919 den Grundstein für das heutige Haus, das sich damals noch einige Schritte entfernt neben dem Berliner Ensemble befand. Zwischen 1981 und 1984 entstand schließlich der heutige Friedrichstadt-Palast, der weiterhin als Revuetheater der Superlative gilt. Es soll die größte Theaterbühne der Welt sein und die längste »Girlreihe« oder »Kickline« haben. 32 Tänzerinnen können hier nebeneinander auf der Bühne tanzen.

Ins Guinness-Buch der Rekorde kam es aber auf anderem Wege. Anlässlich seines 30-jährigen Geburtstages entstand am 27. April 2014 im Foyer des Friedrichstadt-Palastes die längste Pfannkuchen-Reihe der Welt. Dicht an dicht reihten sich laut Presseinformation des Hauses insgesamt 6.448 Pfannkuchen auf einer Länge von 561 Metern aneinander. Mit 300 Kilo Hefeteig, 150 Kilo Konfitüre, 1.000 Eiern und 40 Kilo Zuckerglasur entstand das Meisterwerk, das kurz darauf aufgegessen wurde.

»Der Pfannkuchen gehört zu Berlin und der Friedrichstadt-Palast gehört zu Berlin«, sagte ein Sprecher des Theaters.

KÖPENICKER GALGEN
UND WILMERSDORFER WITWE

Am Abend des 19. Septembers 1826 waren einige schaulustige Berlinerinnen und Berliner auf den Beinen, um der Erleuchtung der Stadt beizuwohnen. Unter ihren Jubelrufen wurden die ersten Gaslaternen in der Straße Unter den Linden in Betrieb genommen. Bis heute soll es in Berlin immer noch die meisten geben – mehr als die Hälfte aller weltweit existierenden Gaslaternen stehen in der Hauptstadt. Im Tiergarten gibt es ein Open-Air-Gaslaternenmuseum. Hier sind Exemplare wie »Kleiner Köpenicker Galgen« oder »Typ Pariser Straße« zu finden. Oder die »Wilmersdorfer Witwe«, die zuvor im Garten der Fabrikantenvilla Grossmann stand.

Die Gaslaternen gehören zum Berliner Stadtbild wie kaum ein anderes Detail. Als Berlin sich im 19. Jahrhundert rasant entwickelte, wurde es nicht nur zur politischen und kulturellen Metropole, sondern auch zum Zentrum der Gasbeleuchtung in Europa. Bald war von »Gasopolis« die Rede, und einige Unternehmen, die mit entsprechender Technik dienlich sein konnten, kamen in die Stadt. Erfindungen im Zusammenhang mit der Gasbeleuchtung wurden gemacht, und Gasometer gebaut. Viele Gaslaternen sind inzwischen ersetzt worden. Die letzten werden vermutlich irgendwann im Technikmuseum stehen. Hierhin soll auch die Gaslaternensammlung aus dem Open-Air-Museum kommen.

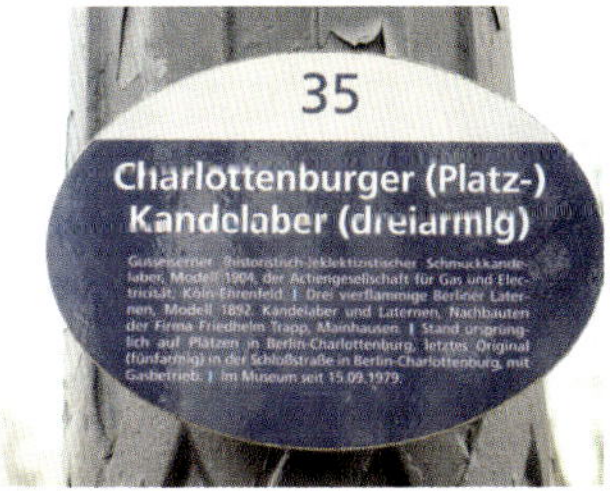

Gaslaternen-Freilichtmuseum, Straße des 17. Juni 17, 10557 Berlin

MAHNMAL GLEIS 17

Grunewald ist bekannt für seine großzügigen Villen und Grundstücke sowie für den gleichnamigen Wald und die Seen, die den Ortsteil säumen. Ende des 19. Jahrhunderts entstand hier die luxuriöse Villenkolonie, zu der auch bald ein Bahnanschluss gehörte. Von hier wurden einige Jahrzehnte später, zwischen Oktober 1941 und Februar 1945, über 50.000 Juden in Waggons verfrachtet und in Arbeits- und Konzentrationslager deportiert. Dies geschah vom Gleis 17 des Güterbahnhofes aus. In Gedenken an diese vielen hoffnungslosen Schicksale erinnert heute das »Mahnmal Gleis 17«. Es wurde am 27. Januar 1998 eingeweiht und ist öffentlich zugänglich.

Das Mahnmal besteht aus Stahlgussplatten, die in den Bahnschotter eingelassen wurden, und stammt von den Architekten Nicolaus Hirsch, Wolfgang Lorch und Andrea Wandel. Auf diesen 186 Platten sind in chronologischer Reihenfolge Datum, Anzahl der deportierten Juden und deren Bestimmungsort vermerkt. Die meisten von ihnen wurden ermordet. Bestandteil des Mahnmals ist auch die Vegetation, die sich zwischen den Schienen ausgebreitet hat – als Symbol dafür, dass von diesem Gleis nie wieder ein Zug den Bahnhof verlassen wird.

MONSTRÖSES BILDHAUERWERK

Schwer wie eine Elefantenherde ist die Granitschale auf der Museumsinsel. Ein afrikanischer Elefantenbulle wiegt ungefähr fünf Tonnen, zehn Elefanten wiegen dann 50 Tonnen, und 14 kommen auf 70 Tonnen. So viel wie die gigantische Schale, die im Lustgarten vor dem Alten Museum steht. Als der Steinmetz Christian Gottlieb Cantian (1794–1866) die Schale schuf, war sie die größte der Welt. Eigentlich sollte sie gar nicht an ihrem jetzigen Platz stehen, doch der Bildhauer hielt sich nicht an die Vorgaben – und so passte sie nicht in die dafür vorgesehene Schinkel-Rotunde im Museum.

Vorhergegangen war die Akademie-Ausstellung von 1826 in Berlin, auf der Cantian eine kreisrunde Granitschale von sechs Fuß, also 1,83 Meter, Durchmesser präsentiert hatte. Daran fand ein englischer Gesandter Gefallen und bestellte ein Exemplar. Als das jedoch dem preußischen König Friedrich Wilhelm III. zu Ohren kam, beauftragte er Cantian ebenfalls mit einer Schale, die allerdings unbedingt größer sein sollte. Der Steinmetz suchte zur Bearbeitung einen riesigen Findling aus, der rund 750 Tonnen wog und Millionen von Jahren alt war. Die Schale hatte am Ende einen Durchmesser von knapp sieben Metern.

Granitschale im Lustgarten, Altes Museum, Bodestraße 1–3, 10178 Berlin

HERTHA BSC

Glück, Sieg und Zusammenhalt gehören normalerweise zum Fußball, ebenso der Bezug zu einer Region oder einem Ort, zu einem Sponsor und Ähnlichem. Bei bekannten Fußballvereinen verweisen Namensbestandteile darauf. Nur Berlins bekanntester Fußballverein verdankt seinen Namen einem alten Dampfer namens »Hertha«. 1892 war das Gründungsjahr des inzwischen altehrwürdigen Vereins, auch »Alte Dame« genannt, dessen Geburt und Taufe vier fußballverrückten Männern zu verdanken ist.

Die Brüderpaare Fritz und Max Lindner sowie Otto und Willi Lorenz wollten einen Fußballverein gründen. Bei der Suche nach einem passenden Vereinsnamen fiel Fritz eine Dampferfahrt mit seinem Vater auf der Havel ein, und er schlug vor, den Verein nach dem Dampfer »Hertha« zu benennen. Der Name gefiel allen, und auch die Farben des Dampfers am Schornstein wurden übernommen: Blau, Weiß und Gelb – Blau und Weiß sind bis heute die Farben des Vereins. Da die jungen Männer noch nicht volljährig waren, übernahm Ernst Wisch, damals 22-jährig und ein Onkel der Lindner-Brüder, den Vorsitz und ließ den Verein eintragen. Über 120 Jahre gibt es den größten Fußballclub der Hauptstadt, und er trägt immer noch den Namen »Hertha«. Wie genau Fritz Lindner seine Freunde dazu bewegen konnte, ist nicht belegt. Möglicherweise ist es auf jugendlichen Leichtsinn, Euphorie oder auf eine Schnapsidee zurückzuführen.

Olympischer Park, Hanns-Braun-Straße 2, 14053 Berlin

Gropiusstadt

Walter Gropius (1883–1969) war einer der bekanntesten Architekten, Bauhausgründer und Wegbereiter der Moderne. Ihm hat Berlin einige Gebäude zu verdanken, Neuköllns Gropiusstadt wurde das umstrittenste Projekt. Hier entstand ein typisches Beispiel für den sozialen Wohnungsbau der 1960er Jahre. Ab 1962 betreute Gropius federführend die Planung. Wohnraum schaffen für Massen lautete die Devise. Gropius galt schon lange als Kämpfer gegen die Wohnungsnot, und Gropiusstadt sollte ein Vorzeigeviertel werden. Hier versuchte er seine Idee vom »Baukasten im Großen« zu verwirklichen, doch in der Massensiedlung, die schnell mit industriell gefertigten Bauteilen gebaut wurde, entstanden bald soziale Probleme. Kritiker bemängelten, dass Gropius manchmal mit seinem Industrialisierungsgedanken zu weit ging und die Bedürfnisse der Bewohner vernachlässigte. Gropiusstadt sahen sie als eine seelenlose Wohnlandschaft.

Platzsparend waren die Häuser in die Höhe gebaut. Das höchste Wohnhochhaus »Ideal« hat 31 Stockwerke. Insgesamt entstanden rund 18.500 Wohnungen in einer tristen Trabantenstadt, die schon bald zum sozialen Brennpunkt wurde. Berühmt wurde Gropiusstadt auch durch Christiane F., die hier aufwuchs und im Buch »Wir Kinder vom Bahnhof Zoo« ihr Leben als Drogensüchtige schilderte.

Fritz-Erler-Allee, Wutzky- oder Lipschitzallee und andere, 12353 Berlin

Carstenn-Figur

Die Carstenn-Figur hat nichts mit Idealgewicht oder perfektem Aussehen zu tun, vielmehr handelt es sich um eine städtebauliche Form, die zum ersten Mal im Jahr 1870 in Wilmersdorf umgesetzt wurde. Der Unternehmer und Stadtentwickler Johann Anton Wilhelm von Carstenn (1822–1896), der sich schon mehrere Jahre für die Stadtentwicklung Berlins engagiert hatte, ersann diese Struktur. Nach einem geometrischen System, das einem geschlossenen Hufeisen ähnelt, indem angeordnete Straßen eine zentrale Achse im Zentrum umgeben.

Rechts und links dieser Straße liegen Grünflächen, die an ihren Eckpunkten mit Plätzen versehen sind. In Wilmersdorf bildet die heutige Bundesallee die Mittelachse. Fasanenplatz, Nürnberger-, Nikolsburger und Prager Platz sind die Eckpunkte.

Ein Jahr später plante Carstenn in Friedenau eine weitere dieser Figuren. Dort umläuft und verbindet die heutige Stubenrauchstraße wieder vier Plätze. Den Mittelpunkt der Figur bildet der Friedrich-Wilhelm-Platz.

Carstenn brachte auch die Idee der Villenkolonie in die Stadt und entwickelte Lichterfelde. Der Großgrundbesitzer wohnte im ehemaligen Gutshaus Lichterfelde, das auch als Carstenn-Schlösschen bezeichnet wird.

Hufeisen und Zickzack

Die Berliner Hausnummernanordnung hat schon manchen Besucher zur Verzweiflung getrieben. »Bei den Hausnummern herrscht ein Chaos wie vor der Erschaffung der Welt. ... Zuerst denkt man, dies sei die Tat eines Blödsinnigen; allein, so mannigfaltige Arten, Verwirrung und Unheil anzurichten, wäre ein Blödsinniger nicht imstande, sich auszudenken«, schrieb einst Mark Twain, der Berlin mehrfach besuchte und einige Zeit hier lebte.

Der Nummerierungswirrwarr hat sich nicht grundlegend geändert. In Berlin gibt es heute nicht nur das Hufeisen-Prinzip, bei dem die Zahlen auf der einen Straßenseite mit 1 beginnen und dort zum Straßenende durchgezählt, dann auf der anderen Straßenseite weiter hochgezählt werden. Die höchste Nummer liegt also gegenüber der 1. Und somit ergibt sich bei der Addition der gegenüberliegenden Hausnummern theoretisch immer die gleiche Summe!

Es gibt auch noch die Zickzack-Nummerierung, wonach die geraden Zahlen auf der einen Seite sind, die ungeraden auf der anderen. Seit 1929 wird in Berlin wechselseitig nummeriert. Heute sorgen beide Systeme für Orientierung oder Verwirrung.

HIMMELSKANONE

Ende des 19. Jahrhunderts setzte auch in Berlin eine Begeisterung für den Himmel ein. Es bildeten sich Vereine, die interessierten Bürgern die Möglichkeit geben wollten, die Sterne näher kennenzulernen. Am 1. Juli 1889 eröffnete in der Invalidenstraße die weltweit erste Volkssternwarte, die Urania.

Sieben Jahre später startete in Treptow die Archenhold-Sternwarte mit ihrer legendären sogenannten »Himmelskanone«. Es handelt sich dabei um das längste bewegliche Linsenfernrohr der Welt, das bis heute funktioniert. 1896 wurde es erstmalig einem Publikum auf der Berliner Gewerbeausstellung vorgestellt. Friedrich Simon Archenhold (1861–1939) war der Schöpfer des 130 Tonnen schweren Monstrums. Mit 680 Millimetern Objektivdurchmesser gehört es zu den zehn leistungsstärksten Linsenfernrohren der Welt.

Die Gewerbeausstellung fand im Treptower Park statt. Um das Linsenfernrohr vorzuführen, wurde extra eine Sternwarte errichtet, die nach der Ausstellung wieder abgebaut werden sollte. Sternwarte und Fernrohr aber blieben im Treptower Park, und Archenhold betrieb die Sternwarte fortan als Volkssternwarte, hielt Vorträge und zeigte Ausstellungen, die unzählige interessierte Berliner anzogen.

Archenhold-Sternwarte, Alt-Treptow 1, 12435 Berlin

KARL-MARX-ALLEE

Durchgeplant bis ins letzte Detail, ein Image-Projekt der DDR, Vorzeigestraße Ostberlins und ein Stück Moskau in Berlin: All das und noch viel mehr verkörperte die Karl-Marx-Allee. Sie zieht sich über eine Länge von fast zwei Kilometern zwischen Strausberger Platz und Frankfurter Tor mit ihren monumentalen Bauten – immer noch ein wenig fremd ist sie im Stadtbild und dadurch auch so beeindruckend bis heute.

Sie galt als »erste sozialistische Straße« in Deutschland und entstand in den 1950er und 1960er Jahren zunächst noch unter dem Namen »Stalin-Allee«. Riesige neoklassizistische Bauten reihen sich aneinander, die grün bekuppelten Zwillingstürme am Frankfurter Tor wurden zum Wahrzeichen der Allee, Plattenbauten führen Richtung Alexanderplatz. Das funktionalistische Kino »Kosmos« und das gläserne »Café Moskau« bieten dem Auge Abwechslung.

»Arbeiterpaläste« wurden die Bauten genannt, denn sie sollten den Arbeitern vorgaukeln, dass auch sie vielleicht irgendwann in den vielen hellen, geräumigen Wohnungen mit Heizung und fließendem Wasser wohnen würden. Breite Fußwege, Geschäfte und Restaurants säumen die Allee. Ein sozialistisches Paradies, das jedoch nicht allen gleichermaßen zugebilligt wurde, denn die Realität sah anders aus – wie hatte es schon George Orwell in »Animal Farm« so schön formuliert: »... manche sind gleicher als die anderen«.

Zu DDR-Zeiten diente die Allee als Bühne für die jährliche Mai-Parade oder Ehrenparaden der Nationalen Volksarmee anlässlich des Gründungstages der DDR. Der letzte Aufmarsch der NVA fand hier noch am 7. Oktober 1989 statt, kurz vor dem Fall der Mauer.

Als die Straße noch »Stalin-Allee« hieß, stand hier eine riesige Figur des einstigen sozialistischen Vorbildes. 1961 hatte sie ausgedient, und Walter Ulbricht ließ sie in einer Nacht- und Nebelaktion entfernen und einschmelzen. Die Straße wurde in »Karl-Marx-Allee« umbenannt, und seit 1983 steht am Strausberger Platz eine Büste von Karl Marx.

HOUSE OF ONE

Weltweit einzigartig ist das House of One in Berlin. Genau genommen ist es ein House of Three, denn es sind drei Religionen, die hier unter einem Dach vereint werden. In einem Gebäude mit Synagoge, Moschee und Kirche sollen Juden, Muslime und Christen zusammentreffen. Das House of One will den interreligiösen Dialog fördern und ein Zeichen für die Vereinbarkeit unterschiedlicher Glaubensrichtungen setzen. So erklärt sich dann auch das »One«: ein gemeinsames Gebets- und Begegnungshaus – das ist weltweit bisher einmalig.

Das Gebäude steht auf dem Fundament der ehemaligen Petrikirche am Petriplatz in Mitte. In einer Halle im Untergeschoss befinden sich archäologische Relikte der ehemaligen Kirche.

House of One, Petriplatz, 10178 Berlin

KLADDERADATSCH

Die Berliner Schnauze gehört zu Berlin wie viele typisch berlinerische Begriffe. »Popelfahne« beispielsweise ist die saloppe umgangssprachliche Bezeichnung für ein Taschentuch. »Kladderadatsch« bedeutet, dass etwas mit lautem Krach hinfällt und zerbricht. Der Ausdruck war im 19. Jahrhundert in Berlin äußerst populär und avancierte bald zum gängigen Schlagwort unter anderem auch in der Politik. August Bebel beschrieb damit beispielsweise den Zusammenbruch der bürgerlichen Gesellschaft.

»Kladderadatsch« war auch der Name einer Zeitschrift, begründet und herausgegeben von David Kalisch, Bernhard Wolff und Heinrich Albert Hofmann. Die politisch-satirische Zeitschrift erschien von 1848 bis 1944 wöchentlich. Das Satireblatt erfreute sich wegen seiner geschliffenen, humorvoll-kritischen Texte und einfallsreichen Karikaturen großer Beliebtheit. Als die 1.000. Ausgabe von »Kladderadatsch« erschien, wurde sogar ein »Kladderadatsch-Jubiläums-Marsch« komponiert.

KÖNIGLICHES
PORZELLAN

Könige, Kaiser, Kriege, Ende der Monarchie, Weimarer Republik, Nazi-Regime, Teilung, Wiedervereinigung – alles, was Berlin in den letzten Jahrzehnten historisch bewegte, haben nur wenige völlig unbeschadet überstanden. Die Berliner Königliche Porzellan-Manufaktur KPM aber hat das. Es gibt sie bereits seit 1763, und immer noch wird das hochwertige Porzellan mit dem kobaltblauen Zepter nur in Berlin hergestellt und von hier aus in die Welt gebracht. »Weißes Gold« wurde Porzellan einst genannt, denn nur wenige besaßen die Kenntnisse zur Herstellung dieses wertvollen Gutes. Wilhelm Caspar Wegely kannte die Grundlagen und gründete 1751 Berlins erste Porzellanmanufaktur. Der Siebenjährige Krieg aber führte zum Ruin, und Wegely verkaufte an den Berliner Unternehmer Johann Ernst Gotzkowsky. Als dieser ebenfalls wirtschaftlich scheiterte, übernahm 1763 Friedrich der Große selbst das Unternehmen und führte damals schon geregelte Arbeitszeiten, ein Kinderarbeitsverbot, gesicherte Renten, eine Betriebskrankenkasse, Familienversorgung und dazu noch ein überdurchschnittliches Einkommen ein. Ein echter Musterbetrieb! Der König liebte sein Porzellan – für sich und als Geschenk für andere Königshäuser. Einige seiner diplomatischen Beziehungen wurden mit Hilfe des »weißen Goldes« der Stadt gepflegt.

KPM, Wegelystraße 1, 10623 Berlin

Sieben Weltwunder
in Köpenick

In Köpenick spricht man von sieben Weltwundern, die zu dem Bezirk gehören, eigentlich aber nur Wortspielereien sind:

Das erste Wunder ist der Lehrer Dummer, der ab 1882 hier tätig war. Das zweite ist der Stadtarzt Dr. Todt, der im Köpenicker Rathaus arbeitete. Der Jungmännerverein Köpenicks wurde angeblich von einem Fräulein gegründet und galt als drittes Weltwunder. Dann war da der Bürgermeister Borgmann, der keine Schulden machte, obwohl er das neue Rathaus bauen ließ. Das Krankenhaus befand sich am Friedhof, und das Gefängnis wurde an der Straße Freiheit gebaut – das sind die Weltwunder fünf und sechs. Das siebte Weltwunder war im Amtshaus am Schlossplatz zu finden: Der Ratskeller befand sich im ersten Stock.

Diese sieben Wunderdinge, die es alle tatsächlich gegeben haben soll, werden mit einem Augenzwinkern in Erinnerung gehalten.

BIS

Bis in die Puppen ist eine Berliner Wortkreation, die im 18. Jahrhundert aufkam. Damals standen Statuen nach Vorbildern aus der antiken Mythologie am Wegrand des Tiergartens am Großen Stern. Die Figuren wurden umgangssprachlich »Puppen« genannt. Weil Berlin damals noch kleiner war, lag der Tiergarten nicht im Zentrum der Stadt, sondern man musste sehr weit, sehr lange laufen, um zu den Puppen zu kommen. Daher die Wendung »bis in die Puppen«. Der Große Stern hieß deshalb auch »Puppenplatz«.

Kaiser Wilhelm II. hatte die Figuren zur Gestaltung der großzügig angelegten Straße angeordnet. Verantwortlich war Reinhold Begas (1831–1911), der gemeinsam mit anderen Bildhauern die »Marmorpuppen« gestaltete. Es waren Standbilder der Adeligen, die Brandenburg und Preußen bis ins 19. Jahrhundert regiert hatten. Von Albrecht dem Bären, über den Großen Kurfürst und Friedrich dem Großen bis hin zu Kaiser Wilhelm I. Einige Besonderheiten wies diese Ahnengalerie auf: Alle Skulpturen waren gleich groß, aber unterschiedlich korpulent, wurden von zwei weiteren Büsten begleitet und standen im gleichmäßigen Abstand in einer terrassenförmigen Anlage.

In die Puppen

Die Denkmäler und Büsten der Siegesallee sind als Teil der Dauerausstellung »Enthüllt. Berlin und seine Denkmäler« in der Zitadelle Spandau zu sehen.

Zitadelle, Am Juliusturm 64, 13599 Berlin

DIE ÄLTESTE ERHALTENE HOCHGARAGE IN EUROPA

Eine Parkgarage ist nicht unbedingt etwas Besonderes. Die Kant-Garagen aber sind einmalig, denn das Gebäude ist die älteste erhaltene Hochgarage in Europa und zudem die einzige Hochgarage Deutschlands, die quasi noch im Originalzustand ist. Zumindest Vorhangfassade, Wendelrampe, Skelettkonstruktion, Garagenboxen und Schiebetore der Bauart Heinrichs – 132 originale Heinrichs-Boxen blieben erhalten. Der auch als »Kant-Garagen-Palast« bezeichnete Bau wurde von 1929 bis 1930 errichtet und steht unter Denkmalschutz, weil es sich, so die Begründung, bei der bedeutendsten Großgarage der Zwischenkriegsmoderne in Deutschland um ein einzigartiges Verkehrsdenkmal handele. Außerdem sei die »Hochgarage in der Kantstraße das letzte unverändert erhaltene Gebäude des Architekten Hermann Zweigenthal alias Herman Herrey in Deutschland und zugleich ein Frühwerk seines später berühmt gewordenen Partners Richard Paulick«. Sie zählt eher zu den zurückhaltenden Besonderheiten der Stadt. Und vielleicht wird sie auch zukünftig anderweitig genutzt. Als Denkmal bleibt sie aber in jedem Fall bestehen.

Kant-Garagen, Kantstraße 126/127, 10625 Berlin

EIN EINZIGARTIGES WÜSTENEXEMPLAR

Der Botanische Garten Berlin ist mit über 20.000 Pflanzen der größte in Deutschland. Die älteste Pflanze des Gartens ist ein 160 Jahre alter Palmfarn. Absolut selten und überaus wundersam ist die Welwitschie. So zählt der Botanische Garten sie zu seinen wertvollsten Pflanzenbeständen und vergleicht deren Eigenart mit einem lebenden Fossil. Normalerweise wächst und gedeiht die Welwitschie in der Wüste, doch in Dahlem ist das weltweit einzige Exemplar, das in einem Botanischen Garten Samen produziert, beheimatet.

Charakteristisch für die Pflanze sind die Blätter, die sich wellenartig über dem Boden ausbreiten. Das verschaffte ihr den Spitznamen »Riesenkrake der Namib«.

Botanischer Garten, Königin-Luise-Straße 6–8, 14195 Berlin

KNAUTSCHKE

Knautschke ist eines der über die Grenzen der Stadt bekannten Berliner Zootiere. So wie Eisbär Knut oder die Panda-Babys Pit und Paule Kultstatus erlangten, war es auch bei dem Flusspferd. Knautschke wurde mitten im Zweiten Weltkrieg am 29. Mai 1943 geboren und überlebte diesen – mit 90 anderen Tieren des Zoos – wie durch ein Wunder neben seiner toten Mutter. Er wurde von den Berlinern mit Futterspenden versorgt, zeugte einige Nachfahren, und seine Skulptur steht heute im Zoologischen Garten. In den letzten Jahren kamen Zweifel auf, ob Knautschke tatsächlich ein echtes Berliner Urgestein war, weil seine Geburt im Berliner Zoo nicht mehr eindeutig belegt werden kann. Es könnte sich bei ihm auch um ein junges Flusspferd namens Max aus München handeln, das nach Berlin gebracht wurde.

Egal, woher er kam: Knautschke gilt als Berliner. Jahrzehntelang stand er als Symbol für ungeheuren Lebenswillen und wurde geliebt. Der knapp drei Tonnen schwere Koloss zeugte fleißig Nachkommen, etwa den Sohn Schwabbel oder seine berühmte Tochter Bulette, die mit in sein Gehege zog. Selbst mit ihr sorgte er für Nachwuchs, doch der gemeinsame Sohn Nante wurde ihm zum Verhängnis. In einem Kampf mit Nante erlitt Knautschke so schwere Verletzungen, dass er eingeschläfert werden musste.

Knautschke-Plastik, Zoologischer Garten (Eingang des Flusspferdhauses)

EINE UNKONVENTIONELLE WOHNGEMEINSCHAFT

Die Kommune 1 war nicht einfach eine Wohngemeinschaft, sondern sie verstand sich selbst als ein Experiment. Ein Experiment des Zusammenlebens ohne Spießigkeit und Bürgerlichkeit, dafür aber mit Gleichberechtigung, antiautoritärer Erziehung, offenen Beziehungen und ohne jeglichen Besitzanspruch. Innerhalb von zwei Jahren zog die Kommune 1 mehrfach innerhalb Berlins um (Fregestraße 19, Niedstraße 14, Stierstraße 3, Stuttgarter Platz). Das letzte Domizil in Moabit (Stephanstraße 60) in einer alten Filzfabrik schien ideal für das neue gemeinschaftliche Leben, das vor allem frei von jeder Doktrin sein sollte. 1969 war es mit der Berliner Gruppe vorbei. Die Aufmerksamkeit der Öffentlichkeit, die Starallüren von Uschi Obermaier und Rainer Langhans, Streit und Drogen führten zum Zerwürfnis. Die im Januar 1967 gegründete Kommune 1 löste sich im November 1969 auf. Das Experiment scheiterte, doch die Idee wurde häufig kopiert und führte zur Gründung von vielen Wohngemeinschaften und Kommunen.

ZILLE

Zille ist Berlin, und in keiner anderen Stadt wird an so vielen Orten und Plätzen an den Maler und Grafiker Heinrich Zille (1858–1929) erinnert. Er selbst kam von ganz unten. Er liebte die Menschen und die Stadt, er kannte ihre Sorgen und Nöte, aber auch ihren Witz und Trotz – und das konnte er einmalig in seinen Zeichnungen des Berliner »Milljöhs« wiedergeben. Mit neun Jahren kam der kleine Heinrich im November 1867 mit seiner Familie aus Sachsen nach Berlin, allerdings nicht freiwillig, sondern auf der Flucht vor Schuldeneintreibern. Die Familie lebte unter den Ärmsten unweit des Schlesischen Tors in einer Kellerwohnung. Ein Strohballen diente als Schlaflager, die Tapeten lösten sich von den Wänden und Wanzen liefen über den Boden. Mühsam arbeitete sich Heinrich Zille empor, vergaß seine Herkunft aber nie. Er begann zu zeichnen und zu fotografieren, vor allem das, was er kannte und sah. Zille malte Mietskasernen, Hinterhöfe und Arbeiterviertel, häufig mit Witz und Galgenhumor. Seine »Rinnsteinkunst« wollte nicht jeder sehen, aber Künstler wie

Käthe Kollwitz oder Max Liebermann schätzten Zille und seine Kunst. Berlins »Pinselheinrich« reifte zu einem angesehenen Künstler und Professor der Akademie der Künste. Trotzdem verkaufte er seine Bilder weiterhin zu einem Preis nach Zeitaufwand. Er blieb sich selbst treu – ein Leben lang. Als anlässlich seines 70. Geburtstags im Märkischen Museum eine große Ausstellung seiner Arbeiten in Anwesenheit des Oberbürgermeisters eröffnet wird, kann sich Zille folgende Bemerkung nicht verkneifen: »Hören Se man uff, Oberbürgermeisterken, mir kloppen Se uff die Schulter, um damit dem Volk zu imponieren.« Dieser Mann des Volkes liebte seine Motive und Modelle, den Berliner Humor und Dialekt. Zille war Stammgast im Restaurant »Zum Nussbaum«. Hier beobachtete er das Berliner »Milljöh« und setzte seine Beobachtungen in unzähligen Bildern um. Eine Gedenktafel erinnert dort an ihn. »Zille sein Milljöh« heißt auch das Programm des Theaters im Nikolaiviertel, wo Szenen aus Zilles Berlin musikalisch unterhaltsam aufbereitet wiedergegeben werden. Zille steht als Skulptur im Nikolaiviertel mit einer Zigarre im Mundwinkel ganz in der Nähe des ihm zu Ehren eingerichteten Museums. Ein weiteres Denkmal am Märkischen Museum zeigt ihn in Bronze gegossen. Ein Junge schaut dem »Pinselheinrich« beim Zeichnen über die Schulter.

Zille-Wohnhaus, Sophie-Charlotten-Straße 88, 14059 Berlin

LEKTION
FÜR DIE POLIZEI

Ein Berg mit einem Denkmal »schrieb« in Berlin Rechtsgeschichte. Das Nationaldenkmal für die Siege in den Befreiungskriegen von Karl Friedrich Schinkel auf dem Tempelhofer Berg wurde 1821 eingeweiht. Mit der Einweihung erhielt der Berg den Namen »Kreuzberg«. Das Denkmal überragte bis in die 1870er Jahre die gesamte Umgebung, und das sollte – sofern die Polizei und der Kaiser allein das Sagen gehabt hätten – eigentlich auch so bleiben. 1882 kam es jedoch zum Kreuzbergurteil oder der sogenannten »Kreuzbergerkenntnis«. Das Preußische Oberverwaltungsgericht erklärte eine Verordnung des Polizeipräsidiums für nichtig, wonach rund um den Kreuzberg keine höheren Gebäude hätten gebaut werden sollen, um die Sicht auf das Denkmal zu gewährleisten: Eine solche Entscheidung aber fiele nicht in die Zuständigkeit der Polizei. Das Urteil war wegweisend, da der Polizei somit eine Einflussnahme auf Stadtplanung und soziale Belange nicht mehr erlaubt war. Ihre Aufgabe sahen die Richter in der Verhinderung und Behebung von gesetzeswidrigen Handlungen.

ITTENS LADENEINRICHTUNG

Johannes Itten war für seine Farbenlehre, für seine Lehrtätigkeit am Bauhaus, als Maler und Kunsttheoretiker bekannt. Weniger bekannt war er aber als Inneneinrichter, obgleich er einige Jahre die Tischlerei des Bauhauses geleitet hatte und sich in seinem Nachlass auch einige Möbelstücke fanden. In Berlin gibt es bis heute einen Laden, der komplett von Itten ausgestattet wurde: Erich Hamann Bittere Schokoladen. Das Gebäude in der Brandenburgischen Straße 17 mit Laden, Produktionsstätte und Wohnungen entstand 1928 nach Plänen des ehemaligen Bauhausmeisters. Die Ladeneinrichtung ist bis heute im Originalzustand erhalten. Itten stattete das Geschäft mit Regalen und Tresen aus Holz und Glas aus. Im Eingangsbereich stehen zwei verspiegelte Rundvitrinen. Auf Farben aber verzichtete er hier gänzlich. Und auch die Schokoladenspezialitäten sind bis heute dezent, schlicht und klassisch verpackt.

Johannes Itten lebte und arbeitete von 1926 bis 1934 in Berlin, wenige Schritte von Hamann entfernt führte er eine eigene Schule in der Konstanzer Straße 14. Kennengelernt hatten sich der Schokoladenhersteller und Itten aber am Wannsee, denn sie liebten beide den Wassersport.

Erich Hamann Bittere Schokoladen, Brandenburgische Straße 17, 10707 Berlin

DIE WELTBEKANNTE PUPPENMACHERIN

Eigentlich war Käthe Kruse (1883–1968) Schauspielerin und wollte auch als solche ihren Weg gehen. Doch als Puppenmacherin erlangte sie Weltberühmtheit. Die Idee dazu entstand fast zufällig: Als sie jung Mutter wurde und ihrer kleinen Tochter so gern eine Puppe schenken wollte, erklärte ihr Ehemann, der Bildhauer Max Kruse: »Ick koof euch keene Puppen. Ick find se scheißlich. Macht euch selber welche.«

Gesagt, getan. Käthe Kruse bastelte und nähte aus dem, was sie hatte, ihre erste Puppe: Als Kopf diente eine Kartoffel, als Körper ein mit Sand gefülltes Handtuch. Ihre Tochter hegte, pflegte und liebte die Kartoffelpuppe – auch »Sandbaby« genannt –, bis sie in ihre Einzelteile zerfiel. Käthe Kruse aber begann, für ihre Kinder qualitativ bessere, kindgerechte Puppen zu basteln, wesentlich weicher, mit beweglicheren Armen und Beinen und mit zarten Kindergesichtern sollten sie sein. Ihr Können sprach sich in Berlin herum, und eine Ausstellung im damaligen Kaufhaus Tietz verhalf ihr zur Bekanntheit. Ein Amerikaner war besonders fasziniert von ihren Kreationen und orderte eine große Menge Puppen, deren Herstellung sie in ihrer Wohnung in der Fasanenstraße mit der inzwischen gewachsenen Kinderschar kaum noch bewältigen konnte. Hier begann schließlich der Siegeszug der Käthe-Kruse-Puppen in die ganze Welt. Mit Hilfe einiger Näherinnen und eines Malers fertigte Käthe Kruse pünktlich 150 Puppen, und sie traten ihre Reise nach Amerika an.

Immer mehr Aufträge folgten, sodass Käthe Kruse ihre Fertigung in die Friedrichstraße und dann 1912 nach Bad Kösen verlegte, wo sie eine Werkstatt aufbaute, um Puppen in Serie herzustellen. Sie wurden immer kunstfertiger und lebensechter. Käthe Kruse wollte besonders natürliche Abbildungen schaffen und nahm ihre eigenen, inzwischen sieben Kinder als Vorbilder. Schlenkerle, Träumerle oder Friedebald hießen die Puppen, Pummelchen, Hampelchen, Ilsebill oder Goldkind. Puppenstuben kamen hinzu, später noch Schaufensterpuppen, Kindermode und Accessoires. Und Käthe Kruse wurde immer erfolgreicher. Die Puppen sind weltweit bekannt und inzwischen begehrte Sammlerstücke. Käthe Kruse galt als innovativste Puppenmacherin, und die Marke Käthe Kruse erhielt im Jahr 2016 die Ehrung »Marke des Jahrhunderts«.

Käthe Kruses Wohn- und Arbeitshaus, Fasanenstraße 13, 10623 Berlin

LANGER JAMMER

Als eintönig und nicht enden wollend empfanden die Berliner den Weg über die Fußgängerbrücke an der Storkower Straße. Sie führte entlang des alten Schlachthofgeländes in Lichtenberg und bekam die umgangssprachliche Bezeichnung »Langer Jammer«. Ihr Bau hatte hygienische Gründe: Damit Passanten nicht über das Schlachthofgelände laufen konnten, wurde die 420 Meter lange Stahlbrücke 1937 gebaut. 2002 wurde sie bis auf einen kurzen Abschnitt abgerissen.

Stupide und langweilig erschien den Bewohnern der Siemensstadt auch eine 338 Meter lange Wohnzeile des Architekten Otto Bartning. Der Architekt war in den 1920er Jahren vor allem durch seine Kirchenbauten, aber auch mit Siedlungen nach den Prinzipien des Neuen Bauens bekannt geworden. Bartning entwarf ein geschwungenes Gebäude, dessen Straßenfront lang und eintönig aussah und deshalb ebenfalls den Namen »Langer Jammer« erhielt. Auf der Rückseite öffnete er jedoch die Fassade zu den Grünanlagen der Siedlung durch farblich abgesetzte Fenster und Balkone, um möglichst viel Licht in die Wohn- und Schlafzimmer zu bringen. Gartenarchitekt Leberecht Migge gestaltete die öffentlichen und privaten Grünräume. In den kleinen Gärten bauten die Anwohner früher Gemüse an.

LEYDICKE

Bis heute werden bei Leydicke in der Schöneberger Manstein-straße nach alten Rezepten Fruchtweine, Schnäpse und Liköre hergestellt und verkauft. Bereits 1877 destillierten hier die Brüder Emil und Max Leydicke ihre alkoholischen Getränke, verkauften aber auch Säfte und Mineralwasser.

Emils Sohn mit Frau Luzie übernahmen 1923 das Geschäft. Singend brachte die Wirtin ihren Gästen die Getränke an den Tisch und machte so den Laden zu einer Institution. Nach ihrem Tod übernahm 1978 Tochter Elvira, später ihr Sohn Raimon. Er bietet inzwischen neben den Spirituosen auch Unterhaltung und Partys. Das Besondere an Leydicke: Der Laden ist unverändert, und selbst die alte Schnapsorgel ist zwar nicht mehr in Betrieb, aber immer noch vor Ort. Altberliner Liköre wie Pomeranze oder Persiko gibt es weiterhin genauso wie viele Anlässe für die selbst gemachten Alkoholika: »Bei Streit, Unwohlsein und Gewitter empfehlen wir 'nen Magenbitter«, »Sehnst Du dich nach einem süßen Kuss? Gönn Dir einfach Cacao-Nuss!« oder »Und wenn Du nicht mehr weiterweißt, hilft immer noch der Himbeergeist.«

Leydicke, Mansteinstraße 4, 10783 Berlin

LIPPENSTIFTMUSEUM

Zwei Unikate in einem: das Lippenstiftmuseum und der Sammler René Koch. Letzterer hat eine ganze Ausstellung dem Lippenstift und seiner Herstellung, Verwendung und Nutzer gewidmet. Sehr unterhaltsam gibt der Visagist sein Wissen, lustige Geschichten und Tipps zum Besten und plaudert aus seiner ganz eigenen Welt. Er führt Besucher in die Welt des Glamours und der Diven vergangener Zeiten. 150 gerahmte Kussabdrücke von Berühmtheiten wie Hildegard Knef, Paloma Picasso oder Bonnie Tyler finden sich in seiner Sammlung, aber auch Werbung, Filmplakate, Kostüme oder Make-up-Zubehör aus fernen Ländern. Der Geschichte des Lippenstiftes wird hier auf den Grund gegangen. Spannend ist die Entwicklung des anfangs als verrucht geltenden Kosmetikartikels. Dessen Geschichte begann 1883 auf der Weltausstellung in Amsterdam. Damals stellte ein Pariser Parfümeur seine neueste Entwicklung, eine Art Stift, der in Seidenpapier gewickelt war, vor. Bald darauf trat dieser Stift den Siegeszug in die Welt des Glamours an: Die französische Schauspielerin Sarah Bernhardt, wagte sich mit kirschrotem Mund auf die Bühne. Für sie war es der Stift der Liebe, der »Stylo-d'amour«. Und den wollten bald viele Frauen haben. Zuerst noch zögerlich, weil er ja ein wenig verrucht war, dann aber mit durchschlagendem Erfolg. Der Lippenstift ist heute das meistverkaufte Schönheitsprodukt. Warum also kein Museum zum Thema?

Lippenstiftmuseum, Helmstedter Straße 16, 10717 Berlin

SÄULENHEILIGER

In Berlin gibt es viele Dinge, die es wert wären, nach Amerika exportiert zu werden. Aber diese Säulen wollte ich gesondert erwähnen. So schrieb der amerikanische Schriftsteller Mark Twain über diese Berliner Erfindung.

Eine Säule nur für Ernst Theodor Amandus Litfaß (1816–1874), Erfinder der nach ihm benannten Litfaßsäulen, steht in der Münzstraße in Mitte. Litfaß, der eigentlich Buchdrucker war, hatte sich lange Zeit über die unzähligen wild geklebten Plakate in der Stadt aufgeregt und wollte endlich Ordnung schaffen. So stellte er nach langen Diskussionen mit dem Polizeipräsidenten 1855 die ersten 100 »runden Dicken«, wie sie auch genannt wurden, in Berlin auf. Litfaß bekam neben der Genehmigung zugleich das Monopol für zehn Jahre – allerdings verbunden mit der Auflage, auch die aktuellsten Nachrichten anzuschlagen. Daneben verkaufte Litfaß Anzeigenplätze und etablierte ein perfektes Medium für Staat und Werbekunden gleichermaßen.

Litfaß erfand die Litfaßsäule als systematische Anzeigentafel und veränderte damit das Erscheinungsbild Berlins und bald darauf von vielen Städten auf der ganzen Welt. Seine Erfindung brachte ihm den Namen »Säulenheiliger« ein.

MIT EINER DROSCHKE

Am 2. April 1928 bestieg Gustav Andreas Theodor Hartmann (1859–1938) seine Pferdekutsche und begann eine Reise Richtung Westen. Seitlich hatte er diese Botschaft angebracht: »Der älteste Fuhrherr von Wannsee, Gründer der Wannseedroschken, erlaubt sich, mit der Droschke 120 die letzte Fahrt Berlin–Paris zu machen, da das Pferde-Material im Aussterbeetat steht.«

Zwei Monate dauerte die Fahrt mit seinem Wallach Grasmus. Mehr als 1.000 Kilometer legten sie zurück. Begleitet wurde er von einem Reporter, da diese außergewöhnliche Aktion vom Zeitungshaus Ullstein unterstützt wurde. Mit dabei hatte Hartmann auch Postkarten, die sein Antlitz zeigten: Ein Mann mit Zylinder und Bart, zerfurchtem Gesicht und fast 70 Jahre alt. So steht er heute noch als Denkmal an der Kreuzung am Schöneberger Ufer Potsdamer Platz.

Hartmann ging als der »Eiserne Gustav« in die Geschichte ein. Als eisern galt er zeitlebens aufgrund seiner Arbeitsdisziplin. Mit seinen Wannseedroschken hatte er mit großem Fleiß sein Geld verdient. Er soll immer als erster seinen Fahrdienst angeboten haben und zumeist war er auch der letzte, der nach Hause ging. Seine Tour nach Paris zeigte seine Willensstärke und wurde zu einem riesigen Ereignis. Hartmann wollte – von Medien begleitet – auf die Probleme der Droschkenkutscher hinweisen, die immer mehr Konkurrenz durch Automobile bekamen.

Der protestierende alte Kutscher wurde ein international gefeierter Star. Die gesamte Aktion begeisterte von Anfang an unzählige Menschen, die ihm auf der langen Strecke zujubelten und seinen Weg säumten. Als er schließlich tatsächlich an seinem 69. Geburtstag, am 4. Juni, in Paris eintraf, war er berühmt und genoss es in vollen Zügen. Er ließ sich vor dem Eiffelturm und im »Moulin Rouge« fotografieren, und alle Zeitungen berichteten von ihm.

Die Entwicklung der Automobile konnte er aber nicht aufhalten. Schon damals gab es nur noch wenige Pferdetaxen in der Stadt. Auch der Eiserne Gustav hatte schon vor seiner Reise zwei Autos in seinem Fuhrpark in der Alsenstraße, die er aber selbst nicht fahren konnte. Angeblich weil er zu große Füße hatte und immer auf das falsche Pedal trat.

Denkmal, Potsdamer Straße, kurz vor Landwehrkanal und Kreuzung
Gedenktafel am Wohnhaus, Alsenstraße 11, 14109 Berlin

NACH PARIS

DIE ÄLTESTE CHORVEREINIGUNG VON MÄNNERN UND FRAUEN WELTWEIT

Als die Sing-Akademie zu Berlin 1791 ihre ersten Lieder anstimmte, war es der erste Chor, in dem Männer und Frauen gemeinschaftlich sangen.

Die Idee und Gründung geht auf den Musiker Carl Friedrich Christian Fasch (1736–1800) zurück, der für seine Privatschüler mehrstimmige Chorstücke geschrieben und mit ihnen eingeübt hatte. Mit Begeisterung sangen sie, der Chor wuchs in Windeseile, und schon bald probten sie in einem Saal im Akademiegebäude. Seit dem 5. November 1793 nannten sie sich »Sing-Akademie« und wurden über die Grenzen Berlins hinaus bekannt. Nach Faschs Tod wurde Carl Friedrich Zelter der zweite Direktor der Singakademie. Zelter ergänzte den Chor noch um eine Orchesterschule und schon bald wurde ein von seinem Freund Carl Friedrich Schinkel entworfenes Gebäude neben der Neuen Wache die Heimat der Sing-Akademie. Der Chor musste in den 1960er Jahren aufgrund einer Weisung der DDR-Verwaltung aus dem Gebäude ausziehen und probt heute in anderen Räumlichkeiten.

Die wertvolle Notensammlung des Chores wurde im Krieg ausgelagert und galt als verschollen. Erst 1999 wurden sie in der Ukraine wiederentdeckt und zurückgegeben. Sie befindet sich im Archiv der Staatsbibliothek und zählt zu den kostbarsten Kulturgütern, die in die Stadt zurückgelangten.

www.sing-akademie.de

DIE ÄLTESTE SPIRITUOSE DER STADT

Mit einem Magenbitter, der gegen die Beschwerden der Cholera helfen sollte, begann die Erfolgsgeschichte der Berliner Spirituosenfirma Mampe. Carl Mampe entwickelte 1831 die »Bitteren Tropfen« und verkaufte sie äußerst erfolgreich. Anfangs noch in Apotheken, doch schon bald erkannte der geheime Sanitätsrat aus Pommern das Potential und ging nach Berlin.

»Sind's die Augen, geh zu Mampe. Gieß Dir einen auf die Lampe. Kannste alles doppelt sehen, brauchste nicht zu Ruhnke (ein bekannter Optiker) gehen«, lautete bald ein Spruch in Berlin.

Ende des 19. Jahrhunderts ging Mampes Siegeszug mit der Herstellung von Likören und Weinbrand weiter. Inzwischen hatte Robert Erxner das Unternehmen übernommen, produzierte in einer der damals modernsten Weinbrennereien weiter unter dem Namen Mampe und exportierte weltweit. Zusätzlich förderten die legendären Gaststätten »Mampe-Stuben« den Erfolg.

Mit Unterbrechungen und wirtschaftlichen Einbrüchen im Krieg und im geteilten Deutschland wechselten die Eigentümer. Inzwischen werden wieder die Original-Mampe-Produkte in Kreuzberg hergestellt – versehen mit dem weißen Elefanten, der seit ewigen Zeiten das Markenzeichen ist. Mampe ist die älteste Spirituosenmarke der Hauptstadt.

Mampe, Am Tempelhofer Berg 6, 10965 Berlin, Manufaktur: Aufgang 2

MAUERSPECHTE

Das traurigste Bauwerk der Stadt war die Mauer. Sie trennte Familien, Straßen, Bezirke und West- von Ost-Berlin auf einer Länge von 155 Kilometern. West-Berlin war eine Insel mitten in der DDR. So lange, bis sich die Bevölkerung gegen die Regierung auflehnte, am 9. November 1989 schließlich die Grenzen geöffnet wurden und kurze Zeit später die Mauer fiel. Damals machte sich eine besondere Gattung von Menschen in der Stadt mit Hammer und Meißel auf den Weg. Die sogenannten »Mauerspechte« rückten damit der Mauer zu Leibe. In Windeseile und mit rasantem Tempo breiteten sie sich aus und machten sich ans Werk. Viele hoben die Mauerstücke zur Erinnerung auf, andere verkauften sie. Es war ein überaus kostbares und gefragtes Gut, das sich bis weit über die Grenzen der Stadt seinen Weg bahnte.

Heute sind die Mauerspechte und die Spuren der Mauer größtenteils aus dem Berliner Stadtbild verschwunden. Ungefähr 1,5 Kilometer gibt es noch. So zum Beispiel im Dokumentationszentrum Berliner Mauer an der Bernauer Straße. Aber auch an der Bösebrücke, am Checkpoint Charlie, auf dem Invalidenfriedhof oder Alten Domfriedhof St. Hedwig, am Potsdamer Platz oder im Mauerpark.

GEWIEFTE MEISTERDIEBE

Sie waren Berlins legendärste Tresorknacker: Franz (1904–1949) und Erich (1906–1940) Sass. Die beiden Schlosser galten als erste Panzerknacker, die sich mit Hilfe von Schneidbrennern an die Arbeit machten. Im Januar 1929 gelang ihnen ihr erstes »Meisterstück«. Unbemerkt hatten sie einen Tunnel bis zum Keller der Disconto-Bank am Wittenbergplatz gegraben, gelangten über einen Luftschacht zum Tresorraum und öffneten mit ihren Schneidbrennern 179 Schließfächer. Dabei erbeuteten sie rund 2,5 Millionen Reichsmark. Wenngleich die Polizei sie schon seit längerer Zeit auf dem Kieker hatte, konnte ihnen lange nichts nachwiesen werden. Die Brüder waren clever und genossen den neugewonnenen Reichtum in vollen Zügen. Sie feierten ausgiebig, fuhren teure Autos, kleideten sich elegant, warfen mit Geld nur so um sich und steckten sogar Geldnoten in die Briefkästen des Armeleuteviertels in Moabit, wo sie zu Hause waren. Trotz ihrer kriminellen Karriere mochten die Berliner diese gewitzten und großherzigen Kerle. Die beiden Meisterdiebe wurden erst 1938 in Dänemark nach einem Einbruch bei einem Zigarrenfabrikanten gefasst, nach Deutschland abgeschoben und verurteilt. Zwei Monate später hieß es, dass sie auf der Flucht erschossen worden seien.

Die Geschichte der Brüder Sass wurde mehrfach niedergeschrieben und verfilmt. In Berlin sind sie heute noch beim Tresorknacken in der Polizeihistorischen Sammlung zu sehen.

Polizeihistorische Sammlung, Platz der Luftbrücke 6, 12101 Berlin

TEUFELSBERG

Der Teufelsberg ist ein Trümmerberg und galt lange als höchste Erhebung Berlins. Rund 12 Millionen Kubikmeter Schutt wurden hierher transportiert und führten zum schnellen Wachstum des Berges. Nach jüngsten Messungen wurde er vom Höhenzug Arkenberge mit 121,9 Metern abgelöst (ein natürlicher Höhenzug, der durch Aufschüttung so hoch wurde). Der Teufelsberg liegt mit 120,1 Metern äußerst knapp darunter. Hier gab es mal eine Skipiste und einen Skilift, sogar Skiabfahrten fanden auf dem Teufelsberg statt. Jetzt gibt es Gleitschirm-, Rodel-, Wander- und Klettermöglichkeiten und bei schönem Wetter einen Ausblick bis ans andere Ende der Stadt.

Spektakulär ist die verlassene Abhörstation des US-Geheimdienstes. Von hier belauschten die Alliierten des Westens die Feinde im Ostblock. Der Trümmerberg erschien ideal, um die Anlage mit ihren riesigen Radarkuppeln zu installieren. Das geschah in den 1960er Jahren und bestand bis 1989. So lange hörten sie von hier den Funkverkehr der Sowjets und der DDR-Behörden ab.

Wenngleich das alles der Vergangenheit angehört, umweht das Gelände auch weiterhin eine geheimnisvolle Atmosphäre. Die Gebäude und Wände sind inzwischen aber weniger trostlos, weil sich hier in den letzten Jahren Graffiti-Künstler austobten. Das heutige Teufelsbergteam spricht von der größten und höchsten Street-Art-Galerie Europas.

Radarstation Teufelsberg, Teufelsseeschaussee 10, 14193 Berlin

MONT KLAMOTT

Klamotten nennt man eigentlich Gegenstände in einem schlechten Zustand. Oft wird der Begriff auch für Kleidungsstücke benutzt. Ursprünglich waren damit aber zerbrochene Mauer- oder Ziegelsteine gemeint. Und so entstand auch die Bezeichnung für zwei Berliner Berge. Einen »Mont Klamott« gibt es sowohl in Steglitz als auch am Friedrichshain. Der eine heißt eigentlich Großer Bunkerberg, der andere Insulaner. Der Ausdruck ist nach dem Krieg entstanden – genauso wie die Berge aus Schutt und Steinen, die von den unzähligen zerbombten Häusern zurückgeblieben waren und fortgeschafft werden mussten. Und die beiden Mont Klamotts sind richtig hoch: 78 Meter! Sowohl der eine als auch der andere.

Berlin hat nur Hügel oder Erhebungen und damit keine echten Berge, aber einige natürlich entstandene sind zwischen 50 und 100 Meter hoch. So der Große Müggelberg, der mit knapp 115 Metern der höchste natürliche Berg in Berlin ist, aber auch der Fichtenberg oder der Mörderberg, der Rollberg oder der Herzberg, der Hahneberg oder die Püttberge. Der Coca-Cola-Berg in Hohenschönhausen ist vor allem zum Rodeln geeignet.

DIE ÄLTESTE NOCH BESTEHENDE MOSCHEE IN DEUTSCHLAND

Zwei Minarette und eine riesige Kuppel krönen die älteste noch bestehende Moschee in Deutschland. Die Ahmadiyya-Moschee, heute Wilmersdorfer Moschee, steht seit 1928 im gleichnamigen Stadtteil, wo sie am 23. März eröffnet worden war. Das indische Taj Mahal lieferte dem Architekten Karl August Herrmann das Vorbild für den Bau. Weiß getüncht, über dem Eingang dezent mit Grün abgesetzt, flankiert von zwei 32-Meter hohen Minaretten, im Zentrum eine 26 Meter hohe Kuppel von zehn Metern Durchmesser steht das muslimische Gebetshaus mit angrenzendem Haus des Imam bald 100 Jahre in Berlin. Von Anfang an war Deutsch die Sprache der Predigten und Vorträge. 1934 wurde das erste deutsche Paar, das dem Islam beigetreten war, hier getraut.

Der Krieg fügte der Moschee zwar einige Schäden zu, doch konnte diese mit Hilfe der Alliierten und durch Spenden wieder aufgebaut werden. Auch den Brandanschlag aus dem Jahr 2011 hat das Haus überstanden.

Wilmersdorfer Moschee, Brienner Straße 7/8, 10713 Berlin

MULACKRITZE

Die Mulackritze war eine Institution. Hier trafen sich Künstler wie Heinrich Zille, Marlene Dietrich oder Gustaf Gründgens. Aber auch Ganoven, Dirnen oder die Leute aus der Nachbarschaft gingen ein und aus. Lange Zeit war die »Ritze« in der Mulackstraße im Scheunenviertel ein äußerst beliebtes Lokal, bis es 1951 geschlossen und 1963 schließlich abgerissen werden sollte. Doch bevor es so weit war, rettete Charlotte von Mahlsdorf (1928–2002) mit einem Handkarren die Inneneinrichtung und transportierte diese ins Gutshaus Mahlsdorf. Dort ist das Mobiliar heute im Gründerzeitmuseum zu sehen – inklusive der damaligen »Hurenstube«, einem Hinterzimmer des ehemaligen Lokals, und der Theke mit dem sogenannten »Hungerturm«. Dabei handelt es sich um eine Glasvitrine, in der Rollmöpse, Soleier, Sülze und andere Kleinigkeiten präsentiert wurden. Die wenigsten Gäste konnten sich aber solche Snacks leisten, sodass der Name »Hungerturm« entstand. Der Maler und Fotograf Heinrich Zille hat viele Szenen aus der Mulackritze in seinen Bildern festgehalten, denn hier war das berühmte Berliner »Milljöh« zu Hause.

Gründerzeitmuseum im Gutshaus Mahlsdorf, Hultschiner Damm 333, 12623 Berlin

EIN GESCHENK FÜR DIE KÖNIGIN

Königin Luise liebte Spaziergänge im Berliner Tiergarten. Und die Berliner liebten ihre Königin.

Die junge Prinzessin hatte mit ihrer unbeschwerten und offenen Art in Windeseile alle Herzen in der Stadt erobert. Aber sie erfüllte auch ihre Aufgaben bei Hofe. Luise nahm regen Anteil am politischen Geschehen, an Staatsaffären ebenso wie an Machtkämpfen, und war ihrem Mann, König Friedrich Wilhelm III., immer eine kluge Beraterin. Der König wusste das zu schätzen und setzte sie in seiner misslichsten Lage als Diplomatin ein: Er schickte die schöne Luise zu einem Treffen mit Napoleon nach Tilsit, um bessere Friedensbedingungen auszuhandeln. Napoleon war zwar von ihr beeindruckt, doch die Bedingungen des Friedens von Tilsit vom 8. Juli 1807 blieben trotz der Begegnung hart. Die Königsfamilie musste Berlin verlassen und lange Zeit in Königsberg ausharren.

Als sie zwei Jahre später nach dem Abzug der französischen Truppen aus Ostpreußen in die Heimat zurückkehrte, war die Freude der Berliner grenzenlos, und sie bereiteten der königlichen Familie einen überwältigenden Empfang.

Berliner Bürger und Anwohner der Tiergartenstraße ließen Luise zu Ehren eine Insel im Tiergarten neugestalten und einen Gedenkstein für sie errichten. Zuvor war die Anlage von Hofgärtner Justus Ehrenreich Sello um einen Wasserlauf und Inseln darin bereichert worden. Auf einer dieser künstlich aufgeschütteten Inseln wurde mittig eine nicht mehr erhaltene Stele mit Marmorschale von Gottfried Schadow zu Ehren der Königin errichtet und die Insel selbst bekam den Namen Luiseninsel. Später gestaltete Peter Joseph Lenné den Tiergarten und auch die Luiseninsel noch einmal nach englischem Vorbild um. 1880 kam das Marmorstandbild der Königin hinzu, wie es heute noch dort steht. Der Berliner Bildhauer Erdmann Encke schuf das riesige Abbild der schönen Königin, die erhaben auf einem runden Sockel steht. Der Blick der Königin geht in Richtung des Denkmals von König Friedrich Wilhelm III., welches bereits 1849 errichtet wurde.

Die Luiseninsel liegt ungefähr auf der Höhe der Tiergartenstraße 10, 10785 Berlin

MUSEUM DER DINGE

Welche Dinge sind so wichtig, dass sie in ein Museum gehören? Zum Beispiel ein altes Tischtelefon, das früher zum Inventar eines bekannten Lokales namens »Residenz-Casino« gehörte. Hier gab es neben Tanzmusik auch Wasserspiele, eine Rohrpost oder eben Tischtelefone, mit denen andere Gäste angerufen werden konnten. Es sind aber auch Dinge wie Kaffeekannen, Spielzeug, Uhren, Kameras, Seifen oder Zahnbürsten bis hin zu Turnschuhen mit einer Abbildung des amerikanischen Präsidenten Obama, die im Museum der Dinge präsentiert werden. Gegenstände, die schon für unsere Eltern oder Großeltern von Bedeutung waren oder die uns heute umgeben. Aber welche dann warum ins Museum gelangen, ist nicht ganz einfach festzustellen. Ein Wecker mit Minarett, der Salamander Lurchi, ein Eierkoffer, ein Toastbrothalter oder eine Batman-Figur? In diesem Museum geht es um die Produktkultur des 20. und 21. Jahrhunderts. Grundlage bildet das Archiv des Werkbundes, einer Vereinigung, die sich ab 1907 für die Verbindung von Kunst und Industrie einsetzte und zugleich auch die alltäglichen Lebensverhältnisse mit modernem und sachlichem Design reformieren wollte. Das Museum entstand in den 1970er Jahren und befindet sich in einem alten Kreuzberger Werkstattgebäude.

Werkbundarchiv – Museum der Dinge, Oranienstraße 25, 10999 Berlin

MUSEUM DER UNERHÖRTEN DINGE

Es gibt Sachen, die auf den ersten Blick gar nicht wichtig erscheinen und die deshalb lange Zeit unerhört bleiben – und schließlich dennoch in einem Museum ausgestellt werden. Denn diese Dinge erzählen vielleicht eine Geschichte, oder es könnte sich möglicherweise noch etwas daraus entwickeln. Kurios und einzigartig sind die Objekte im Museum der unerhörten Dinge von Roland Albrecht allemal. Wie zum Beispiel das alte Fernrohr, das als erstes Stück in seine Sammlung geraten ist. Könnte es das Fernrohr sein, mit dem Christoph Columbus Amerika erblickte?

Albrecht hat Fantasie, er ist Sammler und Geschichtenerzähler, und daraus hat er sein eigenes Museum entwickelt, eine fantasievolle Wunderkammer ohne wissenschaftliche oder historische Beweise. Vor allem für Besucher, die sich auf verrückte Erzählungen einlassen, gern kleine Dinge bestaunen und verblüffende Darstellungen mögen. Das kleine Museum befindet sich in Schöneberg.

Museum der Unerhörten Dinge, Crellestraße 5/6, 10827 Berlin

MUSEUMSWOHNUNG
WBS 70

WBS 70 bezeichnet die Wohnungsbauserie 70, die Anfang der 1970er Jahre entwickelt wurde. Es handelt sich dabei um Wohnhäuser in Plattenbauweise, die mehr und mehr in Ost-Berlin entstanden. Wie diese Wohnungen aussahen und wie es sich darin lebte, zeigt heute die Museumswohnung WBS 70 in einem Hellersdorfer Mehrfamilienhaus. Eine 3-Zimmer-Parterrewohnung wurde im DDR-Stil des Jahres 1986 eingerichtet und für Besucher geöffnet. Es gibt viele Holzmöbel, viel Beton und natürlich viel altmodischen Ost-Charme. Dafür haben Hellersdorfer damals ganze 109 Mark Miete bezahlt.

Museumswohnung WBS 70, Hellersdorfer Straße 179, 12627 Berlin

EINE SCHATZINSEL
IN DER STADT

Eine Insel reich bestückt nur mit Museen – das gibt es nur in Berlin. Die Museumsinsel liegt eingebettet zwischen Spree und Spreekanal und ist seit dem 19. Jahrhundert einer der größten zusammenhängenden Museumskomplexe der Welt. Schon wegen der herausragenden Architektur der einzelnen Bauwerke zählt die Insel seit 1999 zum UNESCO-Welterbe. Fünf bedeutende Museumsgebäude aus dem 19. und 20. Jahrhundert befinden sich darauf: das Alte Museum, das Neue Museum, die Alte Nationalgalerie, das Bode-Museum und das Pergamonmuseum. Zwischen 1830 und 1930 entstanden die fünf Museen im Auftrag der preußischen Könige, 2019 kam die James-Simon-Galerie als Besucherzentrum hinzu. Laut Angaben der Staatlichen Museen Berlin stieg die Zahl der Besucher von rund 2,5 Millionen im Jahr 2018 auf knapp 3,1 Millionen im Jahr 2019. Das sind gut 25 Prozent.

www.museumsinsel-berlin.de

NAPOLEONS HUT

Ein Zweispitz von Napoleon befindet sich im Deutschen Historischen Museum. Der sogenannte »petit chapeau« ist aus Wolle, Seide, Baumwolle und Leder, hat die Maße 25 x 48 x 18 Zentimeter und geht auf das Jahr 1815 zurück. Diesen »petit chapeau« soll Napoleon im Juni 1815 bei Waterloo verloren haben. So zumindest berichtete der preußische Feldmarschall Gebhard Leberecht von Blücher: »Er war im Wagen … als er von Truppen überrascht wurde, er sprang heraus, warf sich ohne Degen zu Pferde, wobei ihm der Huth abgefallen …« Mit der Schlacht bei Waterloo endete eine der größten Schlachten der Geschichte. Wie viele Hüte Napoleon auch besessen haben mochte, dieses Exemplar ist definitiv ein symbolträchtiges Erinnerungsstück.

Bekannt ist, dass Napoleon sich jährlich in Paris mehrere neue Hüte anfertigen ließ, und mit dem Zweispitz verlor er einen von mehreren Hüten. Aber mit niemandem sonst ist die Form des Zweispitzes so verbunden wie mit Napoleon. Die Art, wie er ihn trug und in welche Richtung die Krempe zeigte – Napoleon trug ihn immer quer –, ist unverwechselbar. Der Zweispitz wird auch als »Napoleonshut«, »Sturmhut« oder »Zweimaster« bezeichnet.

Deutsches Historisches Museum, Unter den Linden 2, 10117 Berlin

DAS RUSSISCHE HAUS
AN DER HAVEL

»Siehe, ein russisches Bauernhaus! Es ist eine vollkommene Kopie des Blockhauses, das dir so gefiel und in welchem wir froh waren, als ich euch in Petersburg besuchte. Du wünschtest damals ein solches Haus und meintest, man könne darin ebenso vergnügt sein wie in einem kaiserlichen Palaste. Deine Worte habe ich nie vergessen und dir zum Andenken daran ein solches Haus erbauen lassen. Heute wollen wir es einweihen, und nach dem dir teuren Namen soll es immer heißen: Nikolskoe.«

Das sind die Worte von König Friedrich Wilhelm III. an seine Tochter Charlotte und deren Mann, den Zarensohn Großfürst Nikolai. Nikolskoe bedeutet »Nikolaus gehörend« – also genau genommen war das Haus ein Geschenk an den Schwiegersohn. Der König ließ es 1819 im Stil russischer Bauernhäuser errichten, und es wurde zum Ausflugsdomizil der königlichen Familie. Das zweigeschossige Haus, das an der Havel in der Nähe der Pfaueninsel liegt, gibt es immer noch. Es ist jedoch nicht mehr das ursprüngliche Gebäude, sondern musste nach einem Brand wiederaufgebaut werden. Seit den 1920er Jahren befindet sich darin das Restaurant Blockhaus Nikolskoe.

Blockhaus Nikolskoe, Nikolskoer Weg 15, 14109 Berlin

RUHMREICHE, SIEDLUNGEN

Berlin hat gleich sechs Wohnsiedlungen, die auf der Welterbeliste der UNESCO stehen. Alle diese Siedlungen entstanden in einer Zeit, als die Bevölkerungszahl in der Metropole explodierte und die Wohnungsnot immer größer wurde. Die Architektur ging neue Wege, und Architekten wie Bruno Taut oder Walter Gropius konzipierten moderne und bezahlbare Wohnungen. Zu den sechs Siedlungen gehören die Hufeisensiedlung in Britz, die Gartenstadt Falkenberg, die Siemensstadt, die Weiße Stadt, die Wohnstadt Carl Legien und die Siedlung Schillerpark. Alle Siedlungen entstanden zwischen 1913 und 1934. Sie wurden im Stil der Moderne gebaut und gelten als Vorbilder für die Architektur des 20. Jahrhunderts. Ziel war es, endlich weg von den muffigen Hinterhofwohnungen zu kommen, hin zu mehr Offenheit, Sonne, Luft und Licht.

Bruno Taut war an vier Siedlungen beteiligt: Zuerst plante er die Gartenstadt Falkenberg, anschließend die Siedlung Schillerpark, dann die Britzer Hufeisensiedlung und die Wohnstadt Carl Legien.

FORTSCHRITTLICHE

Die Weiße Stadt und die Siemensstadt waren schließlich gemeinschaftlich entwickelte Anlagen, die am Ende der 1920er Jahre entstanden. Architekten wie Martin Wagner, Otto Rudolf Salvisberg, Wilhelm Büning, Bruno Ahrends und Friedrich Paulsen waren an der Weißen Stadt beteiligt, in die auch diverse Versorgungseinrichtungen integriert wurden. In Siemensstadt setzten Architekten wie Walter Gropius, Hans Scharoun, Hugo Häring, Fred Forbát oder Paul Rudolf Henning ihre Akzente.

Das Besondere an allen Siedlungen ist nach Bewertung der UNESCO, dass sie für einen Wertewandel im Wohnungsbau stehen, zur Verbesserung der Wohnverhältnisse beitragen und zum Vorbild für andere soziale Wohnungsbauten wurden. Neue Strukturen wurden entwickelt, neue Infrastrukturideen umgesetzt und Gemeinschaftseinrichtungen geschaffen. Allen gemeinsam ist die Einbeziehung der Natur.

KOSTBARSTES
FUNDSTÜCK

Die Büste der ägyptischen Königin Nofretete befindet sich in der Sammlung des Ägyptischen Museums im Neuen Museum. Die weltberühmte Schönheit kam durch den Berliner Ägyptologen Ludwig Borchardt nach Berlin. Er war es, der am 6. Dezember 1912 die Büste in Tell al-Amarna in Ägypten ausgrub. Mehr als 3.000 Jahre hatte sie zuvor im ägyptischen Wüstensand geruht. Die Büste ist nur knapp 50 Zentimeter groß und 20 Kilogramm schwer, doch unglaublich wertvoll. Nofretete war die Hauptgemahlin des Königs Echnaton und lebte im 14. Jahrhundert vor Christus.

Ludwig Borchardt galt als ihr Entdecker, obwohl der Grabungsleiter Hermann Ranke die bunte Büste zuerst fand. Borchardt legte aber sofort mit Hand an und brachte sie schließlich in die Sammlung des Berliner Mäzens Henry James Simon, der die Grabungen finanziell unterstützt und zugleich einen Vertrag mit der ägyptischen Regierung abgeschlossen hatte. 1924 wurde die Büste erstmals öffentlich präsentiert. Die Büste der Nofretete wäre heute nach Schätzungen 400 Millionen Euro wert.

Neues Museum, Bodestraße 1–3, 10178 Berlin

OSKAR

Brachiosaurus brancai lebte vor ungefähr 150 Millionen Jahren. Er ist 23 Meter lang und über 13 Meter hoch und quasi der Empfangschef des Naturkundemuseums. Nirgendwo auf der Welt ist ein größeres Saurierexemplar ausgestellt. Die Knochen des Sauriers wurden in Afrika ausgegraben und nach Berlin transportiert. 2007 bekam er vom Publikum den Spitznamen »Oskar«. Wenngleich der Brachiosaurus die Saurierhalle dominiert, wird er von Skeletten weiterer Dinosaurier umgeben.

Museum für Naturkunde, Invalidenstraße 43, 10115 Berlin

PAPAGEIENSIEDLUNG

Bunt wie Papageien sind die Häuser der Waldsiedlung Zehlendorf, die auch als Siedlung Onkel Toms Hütte oder Papageiensiedlung bekannt wurde. Rot, Gelb, Grün, Blau, Braun – diese Farben finden sich hier rund um den U-Bahnhof Onkel-Toms-Hütte. Die Architekten Bruno Taut, Hugo Häring und Otto Rudolf Salvisberg planten ihr Wohnkonzept im Stil des Neuen Bauens. Die Siedlung entstand zwischen 1926 und 1932. Bruno Taut verwendete an den Ostfassaden Gelb- und Grüntöne, in Richtung Westen Braun und Bordeauxfarben und zwischendurch auch mal Blau.

Riemeisterstraße, Argentinische Allee, Wilskistraße, Hochsitzweg u.a., 14169 Berlin

DIE EIGENARTEN EINES WOHNPALASTES

Imposant und monströs liegt das »Pallaseum« am Schöneberger Kleistpark. Die Wohnanlage, die sich schon als »Sozialpalast« einen Namen machte, ist mit unzähligen Satellitenschüsseln »gekrönt«. Besonderer Bestandteil der riesigen Wohnmaschine ist ein alter Hochbunker, der von den Architekten Jürgen Sawade, Dieter Frowein, Dietmar Grötzebach und Günter Plessow mit in die Planung einbezogen werden musste. Dies gelang ihnen durch eine Überbauung des Bunkers, der sich wie ein Sprungbrett über das Relikt. Ein Versuch, den Bunker vorher zu sprengen, misslang. Es qualmte und knallte, doch der Bunker senkte sich nur ein wenig und wurde dann doch überbaut. Der Wohnblock mit über 500 Wohnungen und rund 2.000 Einwohnern entstand zwischen 1974 und 1977. Der Name »Sozialpalast« stammt vor allem aus der Zeit, als das Gebäude durch seine Anwohner und die schnell heruntergewohnte Anlage in Verruf geraten war. Heute hat sich das Bild geändert.

Die Satellitenschüsseln sind geblieben, wenngleich heute unzählige mit Bildmotiven versehen sind. Dies geht auf eine Aktion des Künstlers Daniel Knipping zurück.

Palasseum, Pallasstraße 3, 10781 Berlin

»Horch und Guck«

Stasi war die Abkürzung für den Staatssicherheitsdienst der DDR. Die Zentrale der Stasi befand sich in Berlin. Seit über 30 Jahren gibt es diese Institution nicht mehr, das ehemalige Gelände der Zentrale des Ministeriums für Staatssicherheit (MfS) erinnert aber an die Vergangenheit. Der riesige Komplex liegt in der Normannenstraße in Lichtenberg. Das MfS fungierte als Geheimpolizei sowie Inlands- und Auslandsgeheimdienst der DDR und wurde im Jahr 1950 gegründet. Die Zentrale zog in einen Gebäudekomplex des früheren Finanzamtes Lichtenberg. Von hier kontrollierten die Mitarbeiter die ostdeutsche Bevölkerung auf Einstellungen und Handlungen, die nicht mit denen des Regimes konform gingen und die die Bespitzelten zu »Feinden des Sozialismus« machten. Sie sicherte mit ihren Überwachungen und Reglementierungen die Macht der Sozialistischen Einheitspartei Deutschlands (SED) vor sogenannten Klassenfeinden oder Volksschädlingen. Die MfS steuerte das Leben in der DDR, überwachte die Menschen und schüchterte ein. »Horch und Guck« lautete die umgangssprachliche Bezeichnung oder man sprach von der »Firma«. Das militärisch organisierte Ministerium war bekannt für seine Unnachgiebigkeit und Rücksichtslosigkeit.

Das Gelände der Stasi-Zentrale nahm einen ganzen Häuserblock zwischen Frankfurter Allee, Magdalenenstraße, Normannenstraße und Ruschestraße ein und bestand aus 29 Häusern und elf Höfen. Hier arbeiteten 7.000 hauptamtliche Mitarbeiterinnen und Mitarbeiter des MfS. Die Zentrale wurde Anfang 1990 gestürmt, um die Vernichtung der unzähligen Akten zu verhindern. Seitdem sind diese im Stasi-Unterlagen-Archiv einsehbar.

Heute befindet sich im Haus 1 ein Museum, in dem unter anderem das ehemalige Büro von Erich Mielke und eine Originaletage des Ministeriums zu sehen sind.

Die Dokumentation und umfassende Aufarbeitung aller Akten und Hintergründe des MfS gilt inzwischen als beispielhaft in der Geschichte.

Stasimuseum, Normannenstraße 20/Haus 1, 10365 Berlin

DER ANGEBLICH SCHNELLSTE AUFZUG EUROPAS

Am Potsdamer Platz befindet sich der angeblich schnellste Aufzug Europas. In 20 Sekunden saust er in die 24. Etage des Kollhoff-Towers, die einen spektakulären Rundumblick bietet. Auf 103 Metern Höhe befindet sich die Panoramaterrasse, auf der man nicht nur eine Stadtbesichtigung von oben machen kann, sondern zudem eine kostenlose Ausstellung über den Potsdamer Platz ansehen kann. Wer weiß schon noch, wie es hier früher aussah und welche Bedeutung dem Platz durch den Wandel der Geschichte zukam? Das Gebäude trägt den Namen des Architekten Hans Kollhoff, der an einigen weiteren Bauprojekten in Berlin beteiligt war.

Kollhoff-Tower, Potsdamer Platz 1, 10785 Berlin

SCHLAG INS GESICHT

Peitschenknall ist die Bezeichnung für die Krümmung entlang der Argentinischen Allee zwischen Riemeisterstraße und Onkel-Tom-Straße in Richtung Krumme Lanke. Entlang des Peitschenknalls zieht sich die Onkel-Tom-Siedlung von Bruno Taut. Der Peitschenknall bezieht sich auf den 450 Meter langen Baukörper am Rand der Siedlung. Damit wollte der Architekt einen Kontrast zu den umliegenden Einzelhäusern setzen. Er nannte ihn »Peitschenknall ins Gesicht der Bourgeoisie«, da nicht alle in Zehlendorf mit den zu erwartenden neuen Mietern einverstanden waren. Die Wohnungen der Siedlung gehörten zum sozialen Wohnungsbau und waren für Bewohner mit geringerem Einkommen vorgesehen.

DIE ERFINDUNG DER SPALT-TABLETTE

Eine Kerbe war des Rätsels Lösung, als Leo Maximilian Baginski (1891–1964) in Berlin die Spalt-Tablette erfand. Schon eine Weile hatte er überlegt, wie er dem Schmerzmittel eine Form geben könnte, die auch zu fühlen ist. Dann kam ihm die Idee: Mit einer kleinen, aber wirkungsvollen Ritze konnte man die Tablette selbst im Dunklen ertasten. Zudem sah er es symbolisch: Zwei Stoffe, die in dem neuen Schmerzmittel enthalten waren, spalteten fortan die Schmerzen vieler Menschen.

Am 20. Oktober 1931 wurde die neue Marke angemeldet und begann von Berlin aus ihren Siegeszug gegen diverse Leiden. Baginski war ein kluger und einfallsreicher Kopf: Bereits mit 19 Jahren hatte er einen Universal-Flaschenverschluss erfunden und bald darauf eine eigene Firma gegründet. Er entwickelte ein Massagegerät namens »Punktroller«, kaufte ein Fabrikgelände in Pankow und tüftelte dort an der Tablette mit dem Spalt – dem kleinen, aber unglaublich erfolgreichen Unterschied. Baginski war äußerst innovativ und verstand sein Werk auch im Hinblick auf die erfolgreiche Vermarktung seiner Ideen. »Man muss Geld für Werbung zum Fenster hinauswerfen, damit es zur Tür wieder hereinkommt«, war seine Auffassung. Eine kostenlose kleine Tablettendose für die Tagesration, die in jeder Handtasche Platz fand, erwies sich als wirksame Werbemaßnahme. Bis zum Ende des Krieges produzierte Baginski in Berlin, ab 1949 in Bad Soden.

ZURÜCK
NACH BERLIN

Carl Gotthard Langhans schuf von 1788 bis 1791 das Brandenburger Tor, Johann Gottfried Schadow entwarf 1789 die Quadriga. Nur wenige wissen, dass für die Siegesgöttin Nike, die den Wagen in die Stadt lenkt, eine Berlinerin Modell gestanden haben soll: Das Abbild der Cousine eines Kupferschmiedes namens Rieke Jury bringt den Siegeswagen in die Stadt zurück. Auch warum dieses riesige Denkmal später gestohlen wurde, ist nicht allen bekannt. Nachdem der französische Kaiser Napoleon nach seinem Sieg über Preußen mit seinen Truppen in die Stadt eingezogen war, wollte er die Berliner noch mehr ärgern. Er ließ die Quadriga vom Tor holen, in Kisten packen – die riesig gewesen sein müssen – und nach Paris bringen. Erst als die Preußen sich mit Russland und Österreich verbündeten, besiegten sie die Franzosen und transportierten alles retour, womit auch der Name »Retourkutsche« erklärt wird.

THEATER

König Friedrich Wilhelm II. befahl im Jahr 1787, eine Tierarzneischule einzurichten, denn er fürchtete, dass »der Schaden, der aus Mangel an guten Ross- und Viehärzten entstanden, für das Land und die Cavallerie von allertraurigsten Folgen« sei. Carl Gotthard Langhans betreute das Projekt, und 1790 war Berlins Tieranatomisches Theater gebaut. Die Bezeichnung geht auf das erste anatomische Theater in Padua zurück, das Ende des 16. Jahrhunderts eröffnet worden war. Unter Langhans entstand ein klassizistischer Bau aus Sandstein, in dessen Mitte sich ein kreisrunder Hörsaal befand. Hier wurden auf einer Art Holzpodest den angehenden Tierärzten Tierkadaver gezeigt und erklärt. Friedrich Wilhelm II. erhoffte sich vor allem neue veterinärmedizinische Erkenntnisse über kriegswichtige Tiere, aber auch über Krankheiten und Seuchen bei Nutztieren. Eine Zeit lang durften neben den Studenten auch interessierte Bürger gegen ein Entgelt den noch als verrucht geltenden Sektionen beiwohnen. Als Standort für das Tieranatomische Theater hatte man bewusst einen Platz damals noch außerhalb der

Stadt gewählt, denn hier stank es oft erbärmlich, wenn Pferde und Rinder geschlachtet und anschließend zur genauen Obduktion in den Hörsaal gekarrt wurden.

Ungefähr 100 Jahre später zogen Lebensmittelhygieniker in das Gebäude ein, und aus dem Tieranatomischen Theater wurde der sogenannte »Trichinentempel«. Namensgeber waren die Larven der kleinen Würmer namens Trichinen, die sich zuweilen in Fleisch befinden und zu Infektionen führen können.

Bis 1990 nutzte die Veterinärmedizinische Fakultät der Universität das Gebäude in der Philippstraße 13, seit 2013 wird es für interdisziplinäre Ausstellungen vom Hermann von Helmholtz-Zentrum genutzt. Es gilt als ältestes erhaltenes Lehrgebäude der Stadt.

Unverkennbar ist bis heute die Verbindung zur Tiermedizin. Steinerne Stierschädel, geschnitzte Ziegenhäupter, gemalte Pferdeköpfe oder Tierbilder schmücken das Gebäude innen und außen. Inzwischen finden hier Ausstellungen, Vorträge, Lesungen, Performances, aber auch Führungen und Konzerte statt.

Tieranatomisches Theater, Philippstraße 13 (Campus Nord der Humboldt-Uni, Haus 3), 10115 Berlin

DER TIERE

ROBERT KOCH-INSTITUT

Kaum ein anderes Institut war 2020 häufiger namentlich in der Presse vertreten als das Berliner Robert Koch-Institut. In seiner Funktion als Bundesbehörde hat es kontinuierlich die aktuellen Werte zur Ausbreitung von COVID-19 analysiert und mit Empfehlungen an die Öffentlichkeit getragen. Der Hauptsitz des Instituts am Nordufer im Wedding geht auf das 1891 gegründete Preußische Institut für Infektionskrankheiten zurück, in welchem Nobelpreisträger Robert Koch und andere Wissenschaftler Ende des 19. Jahrhunderts forschten. Der Mediziner und Mikrobiologe Koch erhielt 1905 für die Entdeckung des Erregers der Tuberkulose den Nobelpreis. Auch heute ist er hier noch auf ungewöhnliche Weise präsent: Ihm zu Ehren wurde im Gebäude ein Mausoleum eingerichtet, das für die Öffentlichkeit im Normalfall zugänglich ist. Dasselbe gilt für das hier befindliche Museum, das über die Bedeutung Robert Kochs und seiner Kollegen, ihre Entdeckungen und deren Nachwirkungen aufklärt. Es zeigt aber auch, wie das Institut im Laufe der Zeit für die Bevölkerung forscht und welche Rolle Kochs Ideen immer noch spielen.

Robert Koch-Institut, Nordufer 20, 13353 Berlin

EIN SCHLANGENFÖRMIGES GEBÄUDE

Bundesschlange ist die Bezeichnung für ein über 300 Meter langes Backsteingebäude, das sich entlang der Spree auf dem Moabiter Werder nicht weit von Kanzleramt und Bundestag windet. In der Bundesschlange befinden sich über 700 Wohnungen, ursprünglich gedacht für die Bundesbediensteten, die zwischen Bonn und Berlin pendelten oder aus Bonn nach Berlin zogen.

Von Osten nach Westen steigert sich die Zahl der Stockwerke von fünf auf acht. Nach Süden haben die Bewohner einen herrlichen Blick Richtung Tiergarten.

Das Gebäude, das Ende der 1990er Jahre errichtet wurde, folgt dem Gedanken des unweit gelegenen »Band des Bundes«, der gewundenen Gebäudeanordnung des Regierungsviertels. Dieses weist wiederum symbolisch auf die ehemals getrennte Stadt hin.

Bundesschlange, Joachim-Karnatz-Allee, 10557 Berlin

BERLINER WAHRZEICHEN
AUS SCHOKOLADE

Die Berliner Wahrzeichen Brandenburger Tor, Fernsehturm, Reichstag, Siegessäule oder Gedächtniskirche stehen alle im Verkaufsraum des Rausch Schokoladenhauses am Gendarmenmarkt. Komplett und massiv aus Schokolade und logischerweise kleiner als die Originale. Das Brandenburger Tor beispielsweise ist etwa 1,5 Meter hoch und wiegt knapp 500 Kilogramm. In 340 Stunden wurde es in akribischer Feinarbeit nachgebildet. Die bedeutendsten Sehenswürdigkeiten Berlins sind sonst nirgends in dieser Form zu finden.

Andere Wahrzeichen der Stadt und diverse Berlin-Präsente aus dem Hause sind dagegen vermutlich schon weit gekommen. Seit 1918 gibt es die Confiserie. Wilhelm Rausch, der aus einer Konditorenfamilie stammte, gründete das Unternehmen, das heute vom Ururenkel Robert Rausch geführt wird.

Rausch-Schokolade hat einen weiteren Superlativ zu bieten: Das Schokoladenhaus soll mit 30 Metern die längste Pralinentheke der Welt haben. Und in der zweiten Etage eine Circle-Bar, auf der die ausgefallensten Schokoladenkreationen präsentiert und auch zum Verzehr angeboten werden.

Rausch Schokoladenhaus, Charlottenstraße 60, 10117 Berlin

SPINNERBRÜCKE

Spinner gibt es überall. So auch in Berlin, das ja sogar bekannt für seine Verrückten ist. Eine geballte Ladung Spinner treffen sich regelmäßig an der Spinnerbrücke, und denen hat die Brücke in Zehlendorf auch ihren Namen zu verdanken. Dabei gab und gibt es zwei Sorten von Spinnern: Einmal waren das die Technik- und Fahrzeugfaszinierten, die hier früher während der Autorennen auf der Avus stundenlang ausharrten, um die neuen und schnellen Fahrzeuge zu sehen und sich anschließend noch mit anderen Spinnern zu treffen. Zum anderen sind das die heutigen Motorradfanatiker, die sich hier in Scharen vor allem am Wochenende und bei gutem Wetter treffen. Nicht jeder teilt diese Begeisterung, und es könnte sein, dass häufig der Ausruf »Spinner« zu hören war und ist. In jedem Fall heißt die Spinnerbrücke eigentlich Spanische-Allee-Brücke, und sie überquert die Avus von Nikolassee in Richtung Wannsee. Dort liegt auch das Lokal »Spinner-Brücke«, Avus-Treff seit 1956 und längst weit über die Grenzen Berlins hinaus auch als Motorradtreffpunkt bekannt.

TUSCHKASTENSIEDLUNG

Als für die Gartenstadt Falkenberg Häuser gebaut und bunt angestrichen wurden, war dies spektakulär. Die Idee hatte der junge Architekt Bruno Taut (1880–1938) vor inzwischen rund 100 Jahren. Damals war es neu und modern, mit Farben zu experimentieren, und der Name »Tuschkastensiedlung« war anfangs durchaus abwertend gemeint. Bruno Taut entwickelte für jedes der Reihenhäuser und größeren Mehrfamilienhäuser ein eigenes Konzept mit Farben, wie wir sie im Tuschkasten finden.

So machte er jedes Haus auf wirksame und günstige Weise einzigartig.

Taut ging noch weiter und gestaltete auch die Umgebung: Die Anlage von Straßen und Plätzen hielt sich nicht mehr an gerade Linien wie bisher gewohnt, sondern Gebäude wurden versetzt gebaut, Achsen verschoben, und dadurch schien die Siedlung ganz natürlich gewachsen zu sein.

Offenbar waren die Bewohner glücklich über ihre Tuschkastenhäuser und trafen sich gern in ihrer Anlage. Sie entwarfen zu Ehren ihres Architekten eine »Tautfahne«, die zu allen Festivitäten stolz vorangetragen wurde. Auf dieser waren ein schiefes Haus, ein Baum und Tuschkleckse zu sehen. Sie dichteten eine Hymne, in der sie die Siedlung als »Wunder der Natur« besungen, und trafen sich zu Straßenfesten und Umzügen, Theaterstücken oder Gesangsproben.

Die Menschen waren froh, dass sie nicht in einer der damaligen trostlosen Mietskasernen in der Stadt leben mussten. Hier hatten sie ihr buntes Haus mit außergewöhnlichen Fensterläden, Balkonen und Veranden und drum herum Gärten und Grün.

Gartenstadt Falkenberg, 12524 Berlin

BOLLE
UND DIE MILCHMÄDCHENRECHNUNG

Carl Andreas Julius Bolle haben die Einwohner der Stadt einiges zu verdanken. Frische Milch und Milchprodukte, neue Erkenntnisse für die Gesundheit, die Milchmädchenrechnung oder das Lied »Bolle reist zu Pfingsten«. Seine Milch, die direkt von den weißen Bolle-Milchwagen in der Stadt verkauft wurde, soll zur Senkung der Kindersterblichkeit in Berlin beigetragen haben. Mit lautem Gebimmel von Handglocken kündigten die Verkäufer sich an. Das brachte Bolle und seinen Milchverkäufern den Spitznamen »Bimmel-Bolle« ein.

Auf eine seiner Milchverkäuferinnen geht der Begriff »Milchmädchenrechnung« zurück. Sie hieß Anna Schnasing, war ein einfaches Mädchen aus dem Spreewald und nicht besonders gut im Rechnen. Als sie aber für Bolle Milch verkaufen sollte, merkte sie, dass ihre Rechenkünste nicht ausreichten. Sie wollte aber auf keinen Fall übers Ohr gehauen werden und entwickelte deshalb eine ganz eigene Technik. Dabei setzte sie beide Hände ein und rechnete mit allen Fingern. Wie dies genau funktionierte, beobachtete ein Mathematiker und schrieb darüber.

Auch wenn es noch eine andere Erklärung für die Milchmädchenrechnung gibt, in Berlin war es Anna aus dem Spreewald, die sich damit einen Namen machte. Und anschließend Karriere bei Bolle.

ÜBER BERLIN SCHWEBEN

Der Berliner Weltballon ist einer der größten Heliumballone der Welt. Er steigt in eine Höhe von 150 Meter, sodass er einen grandiosen Ausblick auf (fast) alle Sehenswürdigkeiten der Stadt bietet. Zumindest die Bauten rund um den Checkpoint Charlie sind zum Greifen nah. Der Fesselballon steigt mit einer Gondel, die am Boden durch ein Stahlseil fixiert ist, vom Morgen bis in den Abend in die Luft – inklusive Erklärung der Sehenswürdigkeiten durch den Piloten. Allein entscheidend für den rund 15-minütigen Aufstieg sind die Wetter- und Windverhältnisse.

Weltballon, Zimmerstraße 98–100, 10117 Berlin

DAS MINIMALE VARIETÉ FÜR ENTDECKUNGEN

Vier mal drei Meter misst die Bühne des angeblich kleinsten Varietés in Europa, es bezeichnet sich selbst außerdem als das »älteste Open Stage Varieté Deutschlands«. Die »Scheinbar« liegt in Schöneberg an der Monumentenstraße, bis zu 60 Zuschauer finden hier Platz. Die Bar ist in jedem Fall einzigartig – nur in Berlin zu Hause und da garantiert das kleinste Theater.

Viermal in der Woche stehen hier Profis und Amateure auf der Bühne. In sieben Minuten dürfen sie zeigen, was sie können. Ob Artistik, Jonglage, Poetry-Slam, Kabarett oder Comedy – Hauptsache Varieté. Ein wöchentlich wechselnder Moderator bestimmt das bunte Programm. Hier traten schon bekannte Künstler wie Meret Becker, Mario Barth, Bodo Wartke oder Eckart von Hirschhausen auf und gaben auf der Mini-Bühne ganz nah am Publikum ihr Können zum Besten. Die Besucher in den ersten Reihen werden zumeist mit in die Show einbezogen. Das ist das Patentrezept für Spontanität, alles zusammen scheint nicht nur zu funktionieren, sondern offenbar tatsächlich das Geheimnis zu sein: Die Scheinbar gibt es seit 1984.

Scheinbar Varieté, Monumentenstraße 9, 10829 Berlin

SCHWANGERE AUSTER

1957 wurde das heutige Haus der Kulturen der Welt als Kongresshalle errichtet und stand als Symbol für die Deutsch-Amerikanische Freundschaft. Es war Amerikas Beitrag zur Internationalen Bauausstellung »Interbau«. Hier neben dem Tiergarten sollte ein besonderer Tagungsort entstehen, der gleichzeitig eine Glanzleistung der Architektur werden sollte. Der Bau von Hugh A. Stubbins wurde zum Wahrzeichen der Moderne. Die Hängedachkonstruktion war ein Novum der Ingenieursbaukunst der 1950er Jahre. Wie eine Muschelschale erhebt sich das Dach über dem Auditorium des Hauses. Kein Wunder also, dass die Berliner schnell Spitznamen parat hatten: Als »Schwangere Auster« ist das Bauwerk bekannt geworden, anfangs sprach man auch von »Frau Dulles' Hut« oder »Uncle Sam's Zylinder«. Dafür waren der überstehende Rand des Daches verantwortlich, den die Betrachter mit einer Hutkrempe verglichen, und der ehemalige amerikanische Außenminister John Foster Dulles, dem zu Ehren die John-Foster-Dulles-Allee benannt worden war.

Auf zwei geschwungenen Stahlbetonträgern schwebt das Dach. Diese Art der Dachkonstruktion war zu ihrer Zeit neuartig, wenig später wurde sie auch in anderen Bauwerken wie der Oper in Sydney umgesetzt.

Haus der Kulturen der Welt, John-Foster-Dulles-Allee 10, 10557 Berlin

EIN SCHWEBENDES PFERD

Auf den ersten Blick sieht man es nicht. Nur wenn man weiß, dass sich auf dem Dach der Gartenfassade des Charlottenburger Schlosses noch eine kleine Besonderheit befindet, entdeckt man sie auch: Ein fliegendes Pferd erhebt sich über dem Charlottenburger Schloss. Fast wie ein Luftballon schwebt es über dem Geländer. Nur eine dünne Eisenstange trägt es gleich hinter der Brüstung. Und diese Stange führt direkt in das ehemalige Schlafzimmer von König Friedrich I. (1657–1713) im Erdgeschoss. Es zeigte dem König, wie der Wind wehte. Auf einem Ziffernblatt mit einer Windrose wurden mit Hilfe eines Zahnrades durch die Stange des sogenannten »Windpferdes« die Zeiger bewegt. Was für eine schöne Spielerei, die noch heute von der Gartenseite des Schlosses auf dem Dachbalkon des rechten Teils des Hauptgebäudes zu sehen ist. Nach der Instandsetzung vor einigen Jahren ist das Windpferd wieder voll funktionsfähig.

Schloss Charlottenburg, Spandauer Damm 10–22, 14059 Berlin

SECHSERBRÜCKE

Der Berliner Sechser ist weit entfernt von einem Sechser im Lotto. Ein Sechser war ursprünglich eine Sechs-Pfennig-Münze. Später wurde daraus ein halber Groschen beziehungsweise das Fünf-Pfennig-Stück. Einen Sechser musste man zahlen, um einige Brücken in der Stadt überqueren zu dürfen. Denn lange Zeit wurden die Berliner Brücken privat finanziert, gebaut und betrieben. Mit einem Brückenzoll, der vom Brückengeldeinnehmer kassiert wurde, holten sich die pfiffigen Investoren das eingesetzte Geld zurück. Zu den ersten Sechserbrücken zählte die Jannowitzbrücke, die vom gleichnamigen Kaufmann und Fabrikanten gebaut worden war. Auch die Schillingbrücke, die nach dem Maurermeister Johann Friedrich Schilling benannt war, gehörte dazu. Schilling gründete eigens hierfür eine Brückenbau-Aktiengesellschaft und finanzierte den Bau einer Klappbrücke.

Auch an der Ebert-, Kavalier-, Kunowskibrücke und am Tegeler Hafensteg wurde noch lange kassiert, um das Geld für die Finanzierung wieder einzutreiben.

DEUTSCHES
SPIONAGEMUSEUM

Hauptstadt der Spione – diesen Titel erhielt Berlin vor allem nach dem Ende des Zweiten Weltkrieges und während der Zeit des Kalten Krieges. Kein Wunder also, dass aus diesem Zeitraum auch die meisten Objekte des Deutschen Spionagemuseums stammen. Dazu zählen Spionagekameras in Krawatten oder BHs, versteckte Schusswaffen, Enigma-Maschinen zur geheimen Verständigung, ein Lügendetektor, Abhöreinrichtungen oder Agentenporträts. Hier geht es aber auch um die Geschichte der Spionage, die ihren Ursprung bereits in der Antike hatte. Wenngleich sich das Museum heute am Leipziger Platz befindet, nicht weit vom Potsdamer Platz, sollte das Museum eigentlich in der Nähe der Glienicker Brücke entstehen, auf der einst Spione ausgetauscht wurden. 2014 fiel dann die Entscheidung für den ebenfalls historisch bedeutsamen heutigen Standort, wo lange Zeit kaum ein Gebäude gestanden, wo fast 30 Jahre Totenstille geherrscht hatte, bis die hier verlaufende Mauer fiel.

Deutsches Spionagemuseum, Leipziger Platz 9, 10117 Berlin

ENTLANG DER
EHEMALIGEN GRENZE

Die Mauer gibt es nicht mehr in Berlin, aber eine Markierungslinie, die den früheren Verlauf nachzeichnet. Eine doppelte Reihe von Pflastersteinen wurde im normalen Straßenbelag zur Erinnerung an die Mauer und die Grenze zwischen Ost- und West-Berlin verlegt. Die auf einer Länge von knapp 6 Kilometern quer durch die Stadt verlaufende Linie dokumentiert allerdings nur einen Teil des riesigen Bauwerks. Inzwischen ist der Streifen nicht mehr überall deutlich zu erkennen. Neue Bauten entstanden, wo einst die Mauer verlief, oder die Natur hat sich über die Jahre an einzelnen Stellen über dieses Denkmal gelegt. Am einfachsten ist die doppelreihige Markierung, die zwischendurch von der Inschrift »Berliner Mauer 1961–1989« unterbrochen wird, rund ums Brandenburger Tor nachzuverfolgen. Vermutlich ist nur wenigen bekannt, warum die Steine doppelt verlegt wurden. Die Mauer bestand aus zwei Teilen: Richtung Westen verlief die Grenzmauer, in Richtung Osten die sogenannte »Hinterlandmauer«.

SCHO-KA-KOLA

Scho-Ka-Kola steht für Power. Power durch Koffein in Form von dreieckigen Schokoladenstücken in einer runden rotweißen Dose. Erfunden wurde die ursprüngliche Sportschokolade von der Berliner Firma Hildebrand Kakao- und Schokoladenfabrik GmbH. Ein Jahr vor den Olympischen Sommerspielen 1936 entwickelte sie die koffeinhaltige Schokolade und führte diese mit großem Erfolg parallel zu der Sportveranstaltung ein. Während des Zweiten Weltkrieges wurde aus der Sportschokolade Verpflegungsbestandteil von Luftwaffe, Heer und U-Boot-Besatzungen. In den 1950er Jahren wurde die Dose automatengerecht umgestaltet und die Schokolade besonders bei Autofahrern beliebt – das Koffein hielt wach. Bis heute hat die Schokolade Kultstatus, wird nach unverändertem Rezept hergestellt und um neue Sorten ergänzt – allerdings nicht mehr in Berlin.

www.scho-ka-kola.de

SIEGESGÖTTIN (ODER GOLDELSE?)

Viktoria ist die Göttin des Sieges. Sie steht auf einer hohen Säule mitten auf dem Großen Stern. Die goldene Viktoria wird umgangssprachlich »Goldelse« genannt. Sie soll ungefähr die Schuhgröße 92 haben, was einer Fußlänge von 58,2 Zentimetern entspricht. Der Weg zu ihr hinauf ist auch enorm: 285 Stufen muss man steigen, um nach oben auf eine etwa 51 Meter hohe Plattform zu kommen. Von hier hat man einen wunderbaren Blick über die Stadt. Die Siegessäule wurde aufgestellt, nachdem Preußen in kürzester Zeit drei Kriege gewonnen hatte: 1864 den Deutsch-Dänischen Krieg, 1866 den Krieg gegen Österreich und 1871 den Deutsch-Französischen Krieg.

Voller Stolz stellten die Berliner die Siegesgöttin auf. Die vier Segmente der darunterliegenden Säule erinnern an die Siege, und die »Goldelse« krönt dieses Monument. Knapp 67 Meter misst die gesamte Siegessäule in der Höhe.

WELTZEITUHR

Staunend versammelten sich die Berliner, als am 14. Mai 1892 die erste Urania-Säule Unter den Linden feierlich enthüllt wurde. Es handelte sich dabei um eine Wetteruhr, die nicht nur die Zeit zeigte, sondern auch als Thermometer, Barometer und Luftfeuchtigkeitsmesser die Wetterlage wiedergab. Ähnlich begeistert zeigten sich die Menschen, als die Weltzeituhr auf dem Alexanderplatz eingeweiht wurde. Vorgänger für diese neuartige Anlage war eine der Urania-Säulen, sodass die Uhr die Bezeichnung »Urania-Weltzeituhr« erhielt. Der Ingenieur Erich John hatte sie im Zuge der Neugestaltung des Alexanderplatzes im Jahr 1969 entworfen. Er sollte eine Säule zur Propagierung der wissenschaftlich-technischen Errungenschaften des Sozialismus schaffen. Zuerst zweifelte er ein wenig, ob er der Richtige dafür sei, denn seine letzten Aufträge waren gänzlich andere gewesen. So hatte John Gebrauchsgegenstände wie Zündschlüssel, Lenkrad, Staubsauger oder einen Cocktailshaker mit integrierter Zitronenpresse entworfen. Auf dem Alexanderplatz aber war die Aufgabenstellung eine andere.

Er schuf ein 16 Tonnen schweres und zehn Meter hohes Gebilde, das mit Hilfe eines Trabantgetriebes funktioniert. Der dazugehörige Technikraum, von dem aus das Planetensystem und der Stundenring gesteuert werden, liegt darunter. Die Weltzeituhr zeigt schematisch die Zeitzonen der Erde mit 146 Städten, deren Namen in die Rotunde gefräst wurden. Darüber drehen sich Kugeln, die unsere Planeten und ihre Bahnen zeigen. Die feierliche Übergabe der Weltzeituhr an die Öffentlichkeit fand 1969 – kurz vor dem 20. Jahrestag der DDR – statt.

Die Uhr ist ein Unikat und wurde zum Highlight der sozialistischen Neugestaltung des Platzes. Sie gilt als »Mutter aller Weltzeituhren«.

Weltzeituhr, Alexanderplatz 1, 10178 Berlin

Tränenpalast

Kaum ein Berliner kennt den ehemaligen Grenzübergang an der Friedrichstraße unter seinem normalen Namen. Den Tränenpalast aber kennen fast alle. Hier entschieden sich die Schicksale vieler Menschen, hier verabschiedeten sich West-Berliner von Ost-Berlinern oder Ausreisende der DDR für immer von ihrer Heimat. Bei diesen Abschieden werden immer wieder Tränen geflossen sein – Glückstränen, Abschiedstränen oder Freudentränen. Etwas hinter sich zurücklassen, tut häufig weh, kann aber auch befreiend sein. In jedem Fall war der »Tränenpalast« häufig Zeuge rührender Szenen und erhielt so seinen Namen.

Heute können hier immer noch Grenzerfahrungen gemacht werden – allerdings im Rahmen einer Ausstellung, die den damaligen Ablauf in der Ausreisehalle nachempfinden lässt. Die Ausstellung zeigt auch den Einfluss der Teilung Berlins und des Landes auf das Leben der Menschen. Von 1961 bis 1989 halbierte die Mauer Berlin, und an wenigen Grenzübergängen konnte man in den anderen Teil der Stadt gelangen – allerdings nur unter bestimmten Voraussetzungen. Gerade hier am Bahnhof Friedrichstraße kamen und gingen unzählige Besucher und mussten langwierige Kontrollen über sich ergehen lassen.

Inzwischen kann man mit einer App und dem Spiel »Nach drüben durch den Tränenpalast« selbst die Ausreise durch den Tränenpalast aus dem Osten in den Westen nacherleben.

Tränenpalast, Reichstagufer 17, 10117 Berlin

DER PUCK VON BERLIN

Friedrich Hollaender gab der kleinen zarten Frau den Namen »Der Puck von Berlin« in Anlehnung an Shakespeares Sommernachtstraum. Erkennungsmerkmale waren eine durchdringende Stimme, viel Schmuck und ihre Lederkleidung. Sie gab ihr Geburtsdatum nie offiziell bekannt, sondern behauptete »viertel vor Weihnachten« irgendwann vor 1945 geboren worden zu sein. Entscheidend für ihren beruflichen Werdegang wurden ihre Kameras. Mit denen zog Erika Rabau seit 1972 durch die Veranstaltungen der Berlinale und fotografierte alle Filmgrößen oder Regisseure, aber auch das gesamte Ambiente, dokumentierte Zuschauer und besondere Details. Vierzig Jahre lang war sie die offizielle und zeitlebens faszinierende Fotografin des Filmfestivals. Die Berlinale war ihr Leben, wie sie selbst in einem Interview sagte.

Als junge Frau hatte Rabau in Argentinien angefangen zu fotografieren, in Berlin wurden ihre Fähigkeiten entdeckt. 2004 erhielt sie für ihre Verdienste die Berlinale-Kamera als Auszeichnung. Ein Dokumentarfilm mit dem Titel »Erika Rabau – Der Puck von Berlin« entstand 2007, ein Jahr später widmete das Museum für Kommunikation ihr eine Ausstellung (Erika Rabau – Eine Berlinerin mit ihrer Kamera. Bilder der Berliner Filmfestspiele 1963–1985).

Erika Rabau verstarb am 10. April 2016.

VIRCHOWS

Rudolf Virchow (1821–1902) war medizinischer Pionier und politischer Visionär. Er kämpfte für bessere Lebensbedingungen in Berlin wie kaum ein anderer, erkannte die Zusammenhänge zwischen Armut und Krankheit und sammelte unzählige Details, um diese Erkrankungen anschaulich zu demonstrieren. Über 23.000 Präparate bildeten die Grundlage und den Ursprung des Pathologischen Museums. Am 27. Juni 1899 zeigte Virchow erstmalig in gläsernen Schauvitrinen auf fünf Etagen seine Sammlung, zu der auch die interessierte Öffentlichkeit einige Jahre Zutritt bekam. Während der Kriege dienten die Präparate nur noch den Studierenden, und nach verheerenden Zerstörungen des Gebäudes reduzierte sich die Sammlung auf rund 1800 Ausstellungsstücke.

Aus dem Pathologischen Museum ist inzwischen das Berliner Medizinhistorische Museum der Charité geworden. Virchow wird weiterhin rund um die Charité in Form von Büsten und Denkmälern in Erinnerung gehalten: auf dem Karlplatz, vor dem Pathologischen Institut des Krankenhauses oder am Langenbeck-Virchow-Haus. Anlässlich seines 100. Todestages im Jahr 2002 widmete das Museum ihm eine eigene Ausstellung: »Virchows Zellen – Zeugnisse eines engagierten Gelehrtenlebens in Berlin«.

Berliner Medizinhistorisches Museum der Charité, Virchowweg/Charitéplatz 1, 10117 Berlin

SAMMLUNG

STROHHUT-EMIL

Strohhut-Emil hieß mit bürgerlichem Namen Emil Riemer (1875–1965) und konnte einiges: Als Artist, Ringkämpfer, Jongleur, Trapezkünstler, vor allem aber als Kunstradfahrer machte er sich einen Namen im Zirkus und führte diverse Kunststücke vor. Die Auftritte von »Strohhut-Emil« begannen nach dem Ende seiner Karriere als Trapezkünstler, die nach einem Sprung aus 21 Metern Höhe und schweren Verletzungen schlagartig beendet war. Fortan führte er sein Können auf der Straße vor und blieb seinem Motto »Ick habe schon als Säugling gestrampelt – und ick strampele bis an mein Ende« treu. Seinen Spitznamen hatte er schlicht einem Strohhut zu verdanken. Diesen hatte er mit einer Schnur versehen und konnte so die Krempe hoch- und runterklappen. Der muntere Artist fuhr mit seinem Fahrrad durch Berlin, zog freundlich grüßend seinen Strohhut, tippte sich an die Stirn und erklärte, dass er sich nicht von seinem Vogel trennen könne. Dabei erfreute er die Berliner mit Kunststücken auf dem Fahrrad und mit seiner Mandoline. Er schaffte es 1958 sogar ins Fernsehen und stellte sich in dem Film »Sie nannten ihn Amigo« von Heiner Carow selbst dar.

Emil Riemer wurde 90 Jahre alt und fand seine letzte Ruhe auf dem Friedhof der Sophien-Gemeinde in Mitte. Sein legendärer Strohhut befindet sich im Berliner Stadtmuseum.

DAS ERSTE WISSENSCHAFTSZENTRUM DER WELT

Wer denkt schon an Alexander von Humboldt, wenn er das heutige Gebäude der Urania in Schöneberg sieht? Impulse setzte der Wissenschaftler schon Anfang des 19. Jahrhunderts mit seinen Kosmos-Vorlesungen, zu denen auch interessierte Bürger der Stadt kamen. Einige Jahrzehnte später, im Jahr 1888, wurde die Urania gegründet. Es war das erste Wissenschaftszentrum der Welt, welches das Ziel verfolgte, neueste naturwissenschaftliche Erkenntnisse auch einem breiteren und unwissenden Publikum zugänglich zu machen. Urania steht in der griechischen Mythologie für die Muse der Sternkunde, sodass sich die ersten Veranstaltungen auf Schwerpunkte der Astronomie konzentrierten. Diese fanden noch in einem Gebäude in der Invalidenstraße statt, zu der die erste Volkssternwarte der Welt sowie ein wissenschaftliches Theater gehörten.

In kurzer Zeit entwickelte sich die Urania zu einem Mittelpunkt des gesellschaftlichen Lebens. Hier berichteten Forscher von ihren Entdeckungen oder führten spektakuläre Versuche vor, wie beispielsweise die Röntgen-Strahlen. Erst nach 1945 kamen geisteswissenschaftliche Lesungen und Vorträge hinzu.

Heute erstreckt sich das Programm auf sämtliche Wissenschaften und Veranstaltungsformen. Es werden Vorträge und Podiumsdiskussionen, aber auch psychologische Seminare, Kunstausstellungen, Konzerte und künstlerische Darbietungen durchgeführt.

Urania, An der Urania 17, 10787 Berlin

MEISTERWERK
DER BAUKUNST

Es gehört zu den bekanntesten Geschäftsbauten der Weimarer Republik und galt als einzigartiges Meisterwerk des Düsseldorfer Architekten Emil Fahrenkamp (1885–1966). In den Jahren 1930 bis 1932 entstand mit dem Shell-Haus am Reichpietschufer 60–62 einer der ersten Stahlskelettbauten. Als herausragende Bürohausschöpfung wurde es gefeiert. Fahrenkamp war damals Mitte 40 und erregte einiges Aufsehen mit seinem wellenförmigen Gebäude, an dem auf den ersten Blick keine Ecken und Kanten zu sehen sind. Zuvor war er eher für konservative Entwürfe bekannt.

Neben der gewellten Front entlang des Kanals war die gestaffelte Höhe charakteristisch. Der Architekt ließ die Wellen von sechs Stockwerken auf zehn ansteigen und erklärte die gewählte Form mit dem Verlauf der Uferstraße. Außerdem schirmte er das Gebäude durch einen Luftschlitz zwischen den Bauteilen vom Straßenverkehr ab. Es wurde für das Mineralölunternehmen Rhenania-Ossag gebaut. Und das wollte vor allem eines: Eindruck machen.

Lästig sollen für Fahrenkamp seine unermüdlichen Gänge zur Baubehörde gewesen sein, um den Entwurf für das außergewöhnliche Gebäude genehmigen zu lassen. Denn anders als zeitgenössische Architekten ordnete er in seinem Bau die Funktion nicht bedingungslos der Form unter. So führten die Rundungen der Fassade dazu, dass die Büroräume nicht alle die praktischsten Grundrisse hatten. Statt Funktionalismus zeigte sich hier eher der Geist des organischen Expressionismus. Bis heute ist es ein Unikum.

Shell-Haus, Reichpietschufer 60–62, 10785 Berlin

KOSTBARE ERINNERUNGSSTÜCKE

Wie ein großes Ei sieht die Vase am Kudamm, Ecke Grolmannstraße/Uhlandstraße aus. Ein großes Ei mit bunten Steinen. Und genau diese Steine machen sie zu etwas Einzigartigem. Die farbigen Mosaikbruchstücke stammen aus der zerstörten Kaiser-Wilhelm-Gedächtniskirche. Der Künstler Gerhard Schultze-Seehof wollte damit den Willen zum Wiederaufbau symbolisieren. 1957 wurde die »Vase mit Mosaik, asymmetrische Vase«, wie sie offiziell heißt, aufgestellt. Schade, dass nur so wenige wissen, wo sie steht und welche Geschichte sich dahinter verbirgt. Sonst würde die bunte Vase ganz anders gewürdigt.

»Vase mit Mosaik, asymmetrische Vase«, Ecke Grolmanstraße/Uhlandstraße, 10623 Berlin

PETER LORENZ' ENTFÜHRUNG

Ein ehemaliger Trödelladen in der Kreuzberger Schenkendorfstraße diente 1975 als »Volksgefängnis« für den entführten CDU-Politiker Peter Lorenz. Es war der 27. Februar 1975, als die Entführer Lorenz in der Nähe seines Wohnhauses in Zehlendorf auflauerten. Ein Transporter versperrte seinem Wagen den Weg, von dem Insassen eines zweiten Wagens wurde sein Chauffeur niedergeschlagen, Lorenz überwältigt und fortgebracht. In einem Parkhaus wurde er in den Kofferraum eines anderen Wagens verfrachtet und später in einer Kiste in den Keller eines Ladens in der Schenkendorfstraße 7 verschleppt. Die Terrorgruppe »Bewegung 2. Juni« bekannte sich zu der Entführung. Sie wollte damit sechs gleichgesinnte Häftlinge freipressen.

Der Fall Lorenz machte Geschichte und gilt als außergewöhnliches Beispiel der Terrorismusentwicklung in Deutschland. Zum ersten Mal war ein Politiker als Geisel genommen worden, und es war das einzige Mal, dass die Bundesregierung den Forderungen der Terroristen nachgab, um ein Menschenleben zu retten. Lorenz kam frei, die Häftlinge wurden ausgeflogen. Die Entführung dauerte bis zum 4. März 1975 und wurde schließlich ohne Blutvergießen zu Ende gebracht. Die Terroristen und ehemaligen Gefangenen wurden bald darauf gefasst und verurteilt.

WALTER
CONFISERIE

Walter ist der Name einer traditionellen Confiserie, die mit dem Slogan »Wer Walter-Ware weise wählt, wird Walter weiter wünschen« äußerst erfolgreich war. Diesen Zungenbrecher wählte die Manufaktur zu ihrem Leitspruch, die 1915 in Tempelhof gegründet wurde. Produkte wie »Alt-Berliner Schnapsdestille« sind bis heute zu haben. Schokolade, Nougat und Marzipan bilden die Grundlagen der firmeneigenen Kreationen. Der unveränderte Schriftzug »Walter« dürfte einigen bekannt sein. Eine Besonderheit sind die Holzkisten, in denen die Pralinen verpackt werden, um auch längere Transportwege zu überstehen.

Walter Schokolade gibt es an verschiedenen Standorten in Berlin:

Tempelhofer Damm 182–184, 12099 Berlin
Olivaer Platz 17, 10707 Berlin
Brunnenstrasse 13, 10119 Berlin
Teltower Damm 27, 14169 Berlin

BERLINS NOTFALLVERSORGUNG

In keiner anderen Stadt sollen so viele Wasserpumpen wie in Berlin stehen. Um die 2.100 sind an den Straßenrändern verteilt. Manche sind verziert, viele älter als 100 Jahre. Früher gehörten die sogenannten »Schwengelpumpen« zu jedem Dorf, aber auch zu Berlin. Zuerst zur Wasserversorgung, dann zum Löschen für die Feuerwehr, nach dem Krieg wieder zur Versorgung der Menschen. Die Pumpen sind nicht von der öffentlichen Wasserversorgung abhängig, sondern sozusagen autark, da zu jeder ein eigener Brunnen gehört. Im Falle von Katastrophen, Havarien oder Anschlägen auf die Wasserversorgung ist so bis heute eine Notfallversorgung gewährleistet. Die Pumpen gehören zum Katastrophenschutzplan des Landes Berlin.

Das Urmodell

»Schuster, Schneider und Friseure werden bei Zuse Ingenieure!«, war Mitte des 20. Jahrhunderts ein geflügelter Ausspruch. Doch was haben diese Berufe mit dem des Ingenieurs zu tun? Konrad Zuse war der Entwickler des allerersten Computers. Er tüftelte schon in den 1930er Jahren als Mittzwanziger im Wohnzimmer seines Elternhauses an seiner Erfindung, einer vollautomatischen Rechenmaschine. Der Z3 galt als erster funktionsfähiger Computer der Welt.

Als Zuse später sein eigenes Unternehmen aufbaute, war ihm bei der Auswahl seiner Mitarbeiter nicht so wichtig, was im Zeugnis stand. Vielmehr schätzte er, wenn sie handwerklich geschickt waren und dazu noch seine Maschinen verstanden. So kam der Ausspruch zustande.

Die Firma Zuse KG baute bis 1964 Computer, mit dem Z25 ging die Firma pleite. Am 18. Dezember 1995 starb Konrad Zuse. Sein Computer Z3 gilt heute als erster funktionstüchtiger digitaler Rechner und weltweit als das Urmodell aller Computer. Entwickelt wurden die Computer Z1 bis Z4 in der Kreuzberger Methfesselstraße. Nachbauten der Modelle Z1 und Z3 sowie detaillierte Informationen über die Firma Zuse finden sich im Deutschen Technikmuseum in Berlin.

Deutsches Technikmuseum, Trebbiner Straße 9, 10963 Berlin

DES
COMPUTER

IMPRESSUM

Bibliografische Information der Deutschen Nationalbibliothek
Die Deutsche Nationalbibliothek verzeichnet diese Publikation in der Deutschen Nationalbibliografie; detaillierte bibliografische Daten sind im Internet über http://dnb.d-nb.de abrufbar.

Abbildungen: Dorothee Fleischmann: S. 6, 9, 12, 27, 29, 33, 35, 36, 39, 49, 51, 54, 73, 79, 86, 88, 91, 102, 103, 106, 109, 116, 119, 121, 122, 129, 137, 138; © Shutterstrock: S. 5: SuperPapero, S. 20: Nicola_K, 56: Photelling Images, S. 59: frank_a, S. 67: Christian Edelmann, S. 95: S. Kuelcue, S. 117: ebenart, S. 127: Sanga Park; © Rausch Pressebild: S. 114

Satz und Gestaltung: der. Bruno Dias
Umschlaggestaltung: der. Bruno Dias
Lektorat: Sabine Durdel-Hoffmann, Essen

Druck und Bindung: Livonia Print, Lettland
Printed in the EU 2020

ISBN 978-3-7408-0942-3